Sieben verlockende Tagestouren

durch den

Harz

mit

Kyffhäuser

Elke & Thiess Meinken

Motor
buch
Verlag

Impressum

ENDUROLAND adventure tours

Mittlerer Weg 5
97440 Werneck

Produziert für

Motor buch Verlag

Herausgegeben von ENDUROLAND adventure tours

Konzeption
Christian Leber
Jürgen Thurner

Layout
Jürgen Thurner
Christian Leber

Einbandgestaltung
Motorbuchverlag Stuttgart

Fotos
Thiess & Elke Meinken

Reportagen
Thiess Meinken

Info-Teile
Thiess Meinken

Karten
Christian Leber / Mairs Geographischer Verlag

Druck
Graspo, Tschechische Republik

Gesamtherstellung
ENDUROLAND adventure tours
www.enduroland.de

1. Auflage 2009

ISBN 978-3-613-03057-2

Inhalt

Ab durch die Mitte

Als wir die Möglichkeit erhielten, für Enduroland "den etwas anderen Reiseführer" zu schreiben, hatten wir zunächst Bedenken, ob Elke - in Ermangelung der entsprechenden Übung - eine Tour von fast 2000 Kilometern quer durch Deutschland bewältigen würde. Allerdings ließen wir Ausreden wie "ich bin so lange nicht gefahren", oder "ich schaff das nicht" nicht gelten. Wollten wir doch beweisen, dass auch nicht so geübte Fahrerinnen oder Fahrer eine solche Tour bestens fahren können.

Wir möchten Sie also einladen, uns auf unserem Motorradtrip von Bad Kissingen durch das waldige Thüringen, den kurvigen Harz, Niedersachsen, das schöne Hessenland, dann ein Stück durch das abwechslungsreiche Nordrhein-Westfalen und schließlich wieder zurück nach Unterfranken zu begleiten. Sollten Sie dann immer noch nicht genug haben, nehmen Sie den Fun-Tours-Band "Odenwald und Spessart" zur Hand und fahren mit Jürgen Thurner und Christian Leber weitere 2000 Kilometer durch unser schönes Deutschland.

Davor möchten wir allerdings erst einmal sieben herrliche Tagestouren mit Ihnen fahren. Wir durchqueren fantastische Natur, besuchen einmalige Sehenswürdigkeiten in Ost und West, lernen ein wenig über die interessante Geschichte Deutschlands und treffen urige Bikerkollegen. Wir übernachten in einfachen Herbergen genauso wie in Top-Hotels, stillen unseren Hunger in Imbissbuden und tafeln in Gourmet-Tempeln. Natürlich können und wollen wir mit unseren Tipps keinen Anspruch auf Vollständigkeit erheben, aber wir versprechen Ihnen sieben echte "Fun Tours", die zwar fahrerisch nicht immer so anspruchsvoll sein mögen wie ein Alpenpass, Sie dafür aber einige der schönsten Gegenden Deutschlands entspannt kennenlernen und aus einem anderen Blickwinkel erleben lassen.

Erlauben Sie uns nun noch, einigen lieben Menschen unseren Dank für die Unterstützung bei der Erstellung dieses Buches zu sagen. Zuvorderst unseren Sohn Nico, der bei allen Computerproblemen immer zur Stelle war und weiterhin Jürgen Thurner und Christian Leber, sowie den Jungs vom MC-Hägar, die das Getriebe von Elkes 800er Gummikuh auf den Punkt überholt haben, so dass wir pünktlich starten konnten. Und nicht zuletzt natürlich unserem "Präsi" Norbert Krebs, der uns für den zweiten Teil unserer Reise seine 1000er Gummikuh zur Verfügung gestellt hat.

Abschließend wünschen wir unseren Lesern beim Nachfahren der Touren recht viel Spaß, immer griffigen Asphalt unter den Rädern und ein unfallfreies Nachhausekommen.

Elke und Thiess Meinken

Bad Kissingen, im Frühjahr 2009

Von Bikern für Biker

Der etwas andere Motorradreiseführer

Fast jeder, der in Motorradreiseführern schmökert, bekommt sofort Lust alles stehen und liegen zu lassen, um gleich durchzustarten. Doch meist fehlt die entsprechende Detailkarte und die entsprechenden Infos für die Tour. Also haben wir aus der Not eine Tugend gemacht und in unserer Reihe *Fun-Tours* die Generalkarten mit den Tipps gleich tankrucksackgerecht mitgeliefert.

Einige Infos vorweg für diesen Reiseführer:

Alle Angaben dieses Reiseführers wurden von uns gründlich recherchiert und geprüft. Für die Richtigkeit der einzelnen Angaben wie z.B. Informationen zu den Hotels und Befahrbarkeit der Pisten und Straßen können wir jedoch keinerlei Haftung übernehmen. Wenn sich etwas geändert hat, oder falls Sie neue, motorradfreundliche Hotels, Gasthöfe und Campingplätze entdeckt haben, dann schreiben Sie uns bitte unter:

ENDUROLAND adventure tours
Mittlerer Weg 5
97440 Werneck
email@enduroland.de
www.enduroland.de

Folgende Piktogramme finden in den Karten und Info-Teilen Verwendung:

Kulinarisches
Anschauen
Adressen
Fun
Biker Werkstatt
Übernachten

bis 20 Euro
bis 30 Euro
bis 40 Euro
bis 50 Euro
über 50 Euro

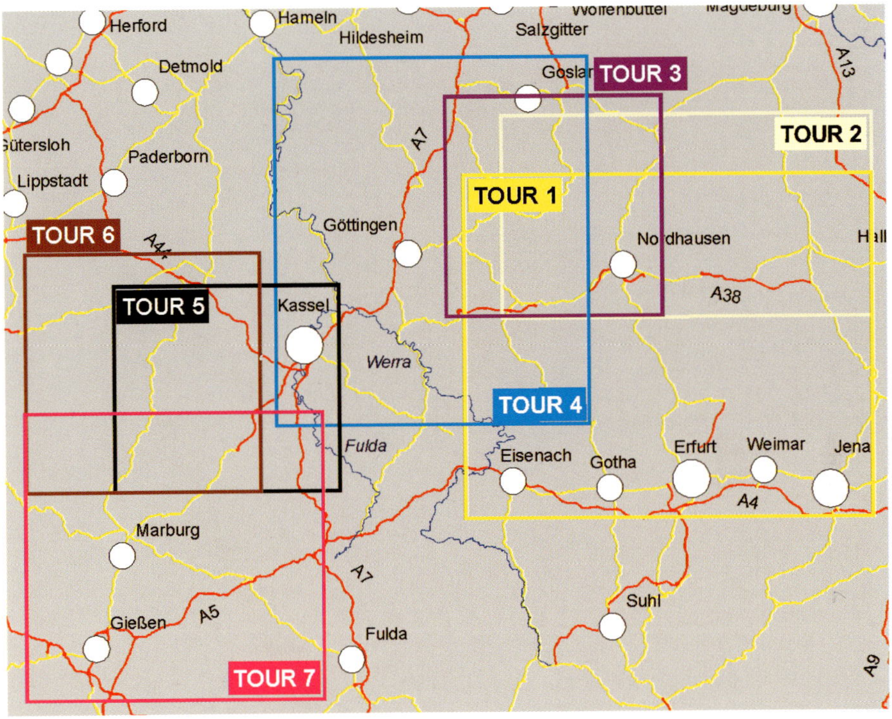

Die Touren sind so gestaffelt, dass sie bei normaler Reisegeschwindigkeit an einem bis zwei Tagen befahren werden können. Wer zügiger unterwegs sein möchte kommt auch auf seine Kosten, da sich die Touren aneinander reihen lassen.

Wir bedanken uns für hervorragende Unterstützung bei:

Jürgen Thurner und Christian Leber	ENDUROLAND adventure tours
Herrn Laub und Herrn Knödel	Mairs Geographischen Verlag
Rosi Held	Held GmbH, Burgberg
Dem Schattenschreiber für das Lektorat	schattenschreiber.org

Von Eisenach nach Abberode

1 Im kleinsten Mittelgebirge Deutschlands

Ein strammes Stück für den Allerwertesten

Nach einem opulenten Frühstück verlassen wir sehr früh unsere Heimatstadt Bad Kissingen in Richtung Norden. Wir haben uns Postkartenwetter ausgesucht und dementsprechend ist die Laune. Meine Frau Elke fährt zwar noch etwas unrund auf ihrer Gummikuh, doch ich bin sicher, dass sich dies im Laufe der Zeit geben und das alte fahrerische Können sich wieder einstellen wird. Das muss es auch, denn wir haben uns ein strammes Pensum vorgenommen. Rund 300 Kilometer wollen wir heute abarbeiten. Hinzukommen 120 Kilometer Anreise nach Eisenach, dem eigentlichen Einstieg in die "Deutschland-Quer-Tour". Das macht nach Adam Riese ca. 420 Kilometer. Ein strammes Stück, vor allem für den Allerwertesten.
Also aufsitzen, Gas geben und ab nach Norden. Schnell geht's über Bad Neustadt und Mellrichstadt zur bayrisch-thüringischen Landesgrenze bei Henneberg. Der ehemalige Grenzübergang ist auch nach 20 Jahren Wiedervereinigung ein trauriger Anblick. Dafür ist die B19 sehr gut ausgebaut und es geht flott voran. Wir kommen durch die Theaterstadt Meiningen, passieren Schmalkalden, eine mittelalterliche Fachwerkstadt im thüringischen Wald und erreichen nach ungefähr eineinhalb Stunden die Wartburgstadt Eisenach.

Zeitzeugen: Eisenach und die Wartburg

Tour 1

Quick Check

Start : Eisenach
Ende : Abberode

Länge : ca. 300 km
Dauer : ca. 10 h

Unser erster Weg führt uns natürlich auf die Wartburg, die 1999 zum Weltkulturerbe erhoben wurde. Durch dichten Wald vorbei an Villen des Jugendstils und der Gründerzeit fahren wir hinauf zur Burg mit ihrer 1000-jährigen Geschichte, wo der legendäre Sängerkrieg stattgefunden haben soll. Hier lebte auch die Heilige Elisabeth von Thüringen und Martin Luther übersetzte 1521 unter dem Decknamen "Junker Jörg" in nur 10 Wochen das Neue Testament. Aber auch die quirlige Stadt selbst ist sehenswert. Das historische Bachhaus beispielsweise zeigt nicht nur die Wohnräume des grandiosen Musikers, der 1685 in Eisenach geboren wurde und dort die ersten 10 Jahre seines Lebens verbrachte, sondern auch die weltweit größte Ausstellung zu Johann Sebastian Bachs Leben und Werk. Oder das Lutherhaus, in dem der Besucher sowohl den Eisenacher Schüler als auch den großen Reformator kennenlernen kann. Die "Automobile Welt Eisenach" hingegen zeigt Neueres. Hier wird die über hundert Jahre alte Automobiltradition der Stadt dokumentiert.
Leider müssen wir uns aus Zeitgründen ein Erfrischungspäuschen in einem der zahlrei-

chen Straßencafes verkneifen. Stattdessen verlassen wir Eisenach in nördliche Richtung auf der B7 und kommen über Krauthausen nach Creuzburg an der Werra. Wir folgen dem Bach und haben eine traumhafte Kurverei. Ohne Verkehr und mit bestem Wetter. Bedingungen also, die zum Gas geben verführen. In Mihla wird unsere Hatz jäh unterbrochen. Kein Hinweis auf Treffurt. Auf Nachfrage meint ein älterer Herr jedoch, wir sollten immer dem Fluß folgen. Gesagt, getan und wir erleben ein weiteres fantastisches Stück Natur. Der Weg führt uns über Falken nach Treffurt im Naturpark Eichsfeld-Hainich-Werratal. Hoch über der Stadt thront die Burg Normannenstein aus dem 12. Jhd. und wacht über die vielen historischen Fachwerkhäuser und die denkmalgeschützte Innenstadt. Doch sehr viel mehr gibt das Städtchen nicht her. Also fahren wir zurück nach Falken. Im Ort biegen wir links ab und fahren durch den Wald über Wendehausen, Diedorf, Hayerode und Oberdorla hinunter nach Mühlhausen, die Stadt der Türme. Ein herrliches Stück Fahrerei. Nicht sehr anspruchsvoll aber flottes Cruisen in wunderschöner Umgebung bei wenig Verkehr.

Schon von den umliegenden Höhenzügen erkennt man die Stadt der Türme. Die historische Reichs- und Hansestadt ist geprägt von der fast komplett erhaltenen 2750 Meter langen Stadtmauer, dem Rathaus aus dem Jahr

1300 und den elf gotischen Kirchen. Dem musisch interessierten Biker sei hier unbedingt die dreischiffige Hallenkirche Divi-Blasii empfohlen. Hier ist die gewaltige Bachorgel untergebracht, die der geniale Organist Anfang des 1800 Jahrhunderts selbst gespielt hat.
Wir rollen weiter auf der B247 durch das Tal der Unstrut nach Norden, bevor wir in Dachrieden rechts abbiegen und die Einsamkeit des Obereichsfeld erfahren. Orte wie Kaisershagen und Windeberg bemerkt man kaum. So erreichen wir zügig Menteroda. Ein kurzer Tankstopp und schon geht es weiter durch die Felder und die Auen. Uns umgibt ein Farbenmeer in Rapsgelb und Grasgrün, soweit das Auge reicht. Einfach traumhaft. Mit Holzthaleben, Toba, Ebeleben, Billeben, Abtsbessingen und Großenehrich durchfahren wir Örtchen, die obgleich fein herausgeputzt, doch noch irgendwie das Klischee der alten DDR bedienen. Ähnlich sind Wasserthaleben, Otterstedt, Nieder- und Oberspier oder Bebra. Ländlichkeit pur, bis wir Sondershausen erreichen. Die 22.000 Einwohner zählende Musik- und Bergstadt hat einiges zu bieten. So zum Beispiel das Residenzschloss. Ein Ensemble, das Stilelemente der Renaissance, des Barock, des Rokoko sowie des Klassizismus zeigt. Für die alljährlichen Schlossfestspiele verwandelt sich der Innenhof in eine grandiose Opernbühne. Aber auch die Kulisse des Erlebnisbergwerks "Glückauf" eignet sich bestens für Konzerte und zwar in 650 bis 1000m Tiefe. Aber noch vieles mehr hält die älteste befahrbare Kaligrube der Welt bereit: Technik die begeistert, romantische Kahnfahrten auf einem Salzsee, Radrennen, Crossläufe oder die tiefste Kegelbahn der Welt. Das alles findet nahe dem "Mittelpunkt der Erde" statt. Einen Abstecher wert ist auch der Erholungspark Possen. Schon die Anfahrt macht Spaß. Idyllisch auf dem Höhenzug der Heinleite gelegen, steht das ehemalige Jagdschloß der hiesigen Fürsten. Im weitläufigen Park finden wir Bärenzwinger, Wildgehege, Gastronomie und den größten Fachwerkturm Europas.

Das kleinste Mittelgebirge Deutschlands

Wir hingegen bewegen uns nun in Richtung des kleinsten Mittelgebirges Deutschlands, dem sagenumwobenen Kyffhäusergebirge. Auf griffigem Asphalt erreichen wir über Badra das nördliche Tor zum Kyffhäuser, nämlich Kelbra das an der gleichnamigen Talsperre liegt. Hier geht´s richtig ab. Es ist Pfingstsamstag und es ist nicht verwunderlich das der ganze Ort mit Bikern vollgestopft ist. Wir sind sicher, dass sie in der Hauptsache nicht das legendäre Kyffhäuser-Denkmal suchen sondern eher die einzigartige Kombination der 36 Kurven hinauf zum 474m hohen Kulpenberg. So beteiligen sich auch die beste aller Ehefrauen und ich an dieser Suche. Am Ortsausgang fangen wir an - nur leider hinter einem Linienbus. Doch nach wenigen Kurven ist dieser vernascht und der Gashahn kann aufgedreht werden. Einige Minuten später haben wir die großartige Mopedstrecke schon hinter uns. Ein kurzes aber intensives Erlebnis. Nach einer Rast beim Bikertreff unterhalb des 81m hohen Denkmals, haben wir noch ein besonderes Highlight vor uns. Denn mit viel Überredungskunst wurde uns erlaubt mit den Bikes am Denkmal selbst Fotos zu machen.
Weiter geht´s. Wir wollen noch ein wenig das 19km lange und 7km breite "Gebirge" erkunden. Zurück auf der B85 rauschen wir wieder sehr kurvig hinunter nach Bad Frankenhausen. Oberhalb der Stadt liegt das weithin sichtbare Panorama-Museum, das

sogenannte Bauernkriegsmonument in Form einer Rotunde. Es beherbergt das 14 mal 123 Meter große Monumentalgemälde "Frühe Bürgerliche Revolution in Deutschland" des Leipziger Künstlers Werner Tübke. Die Badestadt hat nicht nur das wohl größte Ölgemälde der Welt zu bieten, sondern auch den schiefsten Kirchturm Deutschlands. Der altgotische Bau von 1382 ist ca. 4 Meter aus dem Lot. Bevor wir uns aber in der Kyffhäusertherme mit seinem 3,5%igen Solewasser festsetzen, besuchen wir noch

den 5km westlich gelegenen Geopark Barbarossahöhle. Mit 25.000 m² ist die Höhle eine der größten zugänglichen Höhlen Europas. Besonders faszinierend sind die kristallklaren Seen und die bis zu 30 Meter hohen Hohlräume, von denen bis zu einem Meter lange Gipslappen herunterhängen.

Über Steinthaleben erreichen wir dann auf einem besseren Feldweg wieder die Talsperre Kelbra, durchfahren die "Goldene Aue" nach Norden und kommen nach Roßla. Ab hier umrunden wir auf einer landschaftlich und fahrerisch tollen Strecke den "Hohen Kopf" im Südharz. Über Agnesdorf, Karlsrode, Rotha, Horla und Wettelrode geht´s hinunter nach Sangerhausen. In der mehr als 1000-jährigen Berg- und Rosenstadt kann man die größte Rosensammlung der Welt genießen. Für den Blumenfreund ist das Europa-Rosarium ein absolutes Muss. Doch auch der Technikfreak kommt nicht zu kurz. Im Röhrig-Schacht Wettelrode erleben wir in 300 m Tiefe die Welt untertage und die Geschichte des Bergbaus hautnah.

Langsam geht unser erster erlebnisreicher, aber auch sehr anstrengender Tag zu Ende. Quartiersuche ist angesagt. Deshalb lassen wir Sangerhausen hinter uns und fahren zunehmend zügiger über Gonnar, Grillenberg und Wibbra in Richtung Ballenstedt im Mansfelder Bergland. Ein Sträßchen das unsere ganze Aufmerksamkeit erfordert, aber schlichtweg großartig zu fahren ist. Kurz hinter Abberode, in Leinemühle, entdecken wir einen einladenden Gasthof mit herrlichem Biergarten und Übernachtungsmöglichkeit. Im Hotel selbst ist alles voll und man weist uns die "Dependanze" zu. Eine echte "Datsche", aber das ist uns egal. Denn alles was wir jetzt noch brauchen ist ein passables Essen, ein paar Bierchen und ein gutes Bett.

Die Architektur der Wartburg

Nach dem Aufstieg auf das etwa 400 Meter hoch gelegene Felsplateau erwartet den Besucher ein überraschender Baustil-Mix aus Romanik, Gotik, Renaissance und Historismus.

Der heutige Zugang durch eine dreitorige Halle führt in die schmale Vorburg, die rechter Hand von dem Margarethengang, der Vogtei und dem Ritterhaus gesäumt wird. Linker Hand sehen wir den Elisabethgang. Die Fachwerkbauten und die auf der alten Ringmauer aufgesetzten Wehrgänge entstammen zum großen Teil aus dem 14. und 15. Jahrhundert. Der mittlere Gebäudekomplex, bestehend aus Neuer Kemenate, Torhalle und Dirnitz entstand in den 50er und 60er Jahren des 19. Jahrhunderts im historisierenden Stil und trennt die Vor- und Hofburg. Etwa aus der gleichen Zeit stammt der alles überragende Bergfried mit dem Kreuz, dem Zeichen für die religiöse Bedeutung der Burg. Wie alle jüngeren Bauwerke steht auch der Bergfried über den Fundamenten einstiger Gebäude.

Die eigentliche Hofburg zeigt schönste Spätromanik. Der Palas wurde etwa zwischen 1157 und 1170 als Repräsentativ- und Wohnbau der Landgrafen errichtet. Auf Grund seiner Dimensionen, der gestalterische Klarheit und der außerordentlich vielen Bauverzierungen kann man ihn durchaus mit Gebäuden oder Pfalzen aus der Stauferzeit vergleichen. Unter den diesseits der Alpen heute noch erhaltenen Profanbauten des 12. Jahrhunderts nimmt der Palas eine Spitzenstellung ein.

An die einstige Ringbebauung erinnert heute nur noch das Ritterbad von 1889/90, das sich südlich an den Palas anschließt und das sogenannte Gadem, ein Gästehaus das um 1810 neu aufgebaut wurde. Der Süd- oder Pulverturm, in dem sich das Verlies befindet, dürfte im 14. Jahrhundert errichtet worden sein und belohnt seinen "Eroberer" mit einer herrlichen Aussicht über Thüringens Berglandschaft.

Als um 1860 die alten Gemäuer wieder hergestellt waren und die Zahl der Schaulustigen stetig stieg, entstand um 1860 auf der Felsklippe nordwestlich der Burg ein Gasthof, den man heute "den alten" nennt. Sein Erbauer war der Wartburg-Architekt Hugo von Ritgen. Nur ein halbes Jahrhundert hielt Ritgens Schöpfung dem wachsenden Andrang stand, dann entschloss man sich zum Abriss. 1913/14 entstand das heutige Wartburghotel. Modern und großzügig konzipiert und im Inneren liebevoll ausgestattet ist der "Gasthof für fröhliche Leut" auch noch nach fast einhundert Jahren eine empfehlenswerte Adresse.

Übernachten

🏍🏍🏍 HOTEL BACHHAUS

Marienstraße 7, 99817 Eisenach
☎ 0 36 91 20 470 🖷 0 36 91 20 47 13
✉ info@hotel-am-bachhaus.de
🖳 www.hotel-am-bachhaus.de

Dieses familiengeführte Hotel liegt im Herzen der Stadt. Sie wohnen in der Nähe des Bachhauses mit Museum. Die komfortablen Zimmer des Hotels sind umfassend ausgestattet und lassen sich bequem mit einem Fahrstuhl erreichen. Das leckere Frühstücksbuffet ist im Übernachtungspreis enthalten. Probieren Sie im gemütlichen Restaurant "Musikkeller" am Abend die Thüringer Hausmannskost.

🏍🏍🏍 SPORTHOTEL MÜHLHAUSEN

Kasseler Straße 99 974 Mühlhausen
☎ 0 36 01 49 80 🖷 0 36 01 49 82 52
✉ info@sporthotel-muehlhausen.de
🖳 www.muehlhausen.de

Im bewussten Kontrast zum historischen Altstadtkern der Thomas Müntzer Stadt präsentiert sich das 1992 neu erbaute Sporthotel Mühlhausen im modernen Design. Der hohe Wohnkomfort des Hauses, die vielfältigen Freizeitmöglichkeiten und die Freundlichkeit der Mitarbeiter, die gerne alle Wünsche erfüllen, lassen den Aufenthalt zu einem bleibenden Erlebnis werden.

🏍 GÄSTEHAUS JUVENTAS

Güntherstraße 26/27 99 706 Sondershausen
☎ 0 36 3-27 82 559 🖷 0 36 32 78 22 65
✉ info@juventas.de 🖳 www.juventas.de

Das einfache aber sehr saubere Haus ist Mitglied des Deutschen Jugendherbergswerkes und bietet renovierte Zimmer in allen Größen an. Die Gästezimmer sind mit Dusche, WC und TV ausgestattet. Halb- oder Vollpension wird auf Wunsch angeboten. Im Preis, der die Reisekasse schont, ist ein reichhaltiges Frühstück inbegriffen.

🏍🏍 SEECAMPING SÜDHARZ

Lange Straße 150 06 537 Kelbra
☎ 0 34 65 45 291 🖷 0 34 65 14 52 92

Übernachten

✉ info@seecampingKelbra.de
🖳 www.seecampingharz.de

Der Campingplatz, direkt am Ufer des Stausee Kelbra, bietet alles was das Camperherz erfreut: Wassersport, Restaurants, Einkaufsmöglichkeiten oder Discotheken.

🏍🏍🏍 LANDHOTEL SACHSENHOF

Marktstraße 38 06 537 Kelbra
☎ 0 34 651 41 40 🖷 0 34 651 62 89
✉ info@sachsenhof.de
🖳 www.sachsenhof.de

Alle Zimmer haben ansprechenden Wohnkomfort. Mit Mobiliar im Bauernstil wird ein entspanntes Ambiente geboten. Die Gaststätte, der Festsaal und der Biergarten laden zum Verweilen ein.

🏍🏍🏍 HOTEL LANDGASTHAUS HOFMANN

Chausee 11 06 528 Hohlstedt
☎ 0 34 65 62 03 2 1 🖷 0 34 65 65 87 26
🖳 www.tiscover.de/hotel-landgasthaus-hofmann

Das Hotel beeindruckt durch sein Preis-Leistungsverhältnis. Die Zimmer bieten jeglichen Komfort und das Restaurant überzeugt durch gute Küche. Spezialitäten aus der Region werden ebenso angeboten wie deftig bäuerliches aus hofeigenen Produkten.

🏍🏍 HOTEL-RESTAURANT LEINEMÜHLE

Leinemühle 06 543 Molmerswende
☎ 0 34 779 20 348 🖷 0 34 779 90 069
✉ leinemuehle@aol.com
🖳 www.leinemuehle.de

Natur und Umfeld des traditionellen Gasthofes und Hotels bieten Ruhe und Entspannung. Das familiengeführte gemütliche und komfortable Haus im idyllischen Leinetal verfügt über einen wunderschönen Biergarten. Die Inhaber Iris und Rayk Ballmann tun alles, um dem Gast den Aufenthalt so angenehm wie möglich zu gestalten. Die gutbürgerliche Küche mit Produkten aus der Region und die moderaten Preise machen einen kurzen Stopp oder längeren Aufenthalt ausgesprochen angenehm.

Anschauen

WARTBURG

Die Burg mit ihrer tausendjährigen Geschichte gehört zum UNESCO-Weltkulturerbe und ist das Wahrzeichen der Stadt Eisenach. Sie ist ein herausragendes Beispiel deutscher Baukunst und Kultur mit spätromanischem Palas, Sängersaal, Schwindischen Fresken und der Lutherstube. Ein besonderes Erlebnis ist eine der zahlreichen Veranstaltungen wie z.B. ein Konzert im Festsaal der Burg, Sommernächte in den Burghöfen oder der historische Weihnachtsmarkt.

Auf der Wartburg 99 817 Eisenach

☎ 0 36 91 79 7 0 🖷 0 36 91 20 334

💻 www.wartburg.de

🕘 März bis Okt. 8.30 - 17.00 Uhr

AUTOMOBILE WELT EISENACH

Unterstützt durch den Verein "Automobilbau Museum Eisenach e.V." dokumentiert das 2005 eröffnete Museum die über hundertjährige Automobilbautradition in Eisenach von 1898 bis in die Gegenwart, beginnend mit der Fahrzeugfabrik Eisenach AG über die Dixi-, BMW-, EMW- und Wartburg-Ära bis hin zur 1991 erfolgten Ansiedlung der Adam Opel AG. Nicht nur für Technikfreaks ein absolutes Highlight. Die Ausstellung bietet für jeden viel Interessantes. Auf Anfrage werden für Gruppen auch spezielle Öffnungszeiten angeboten.

Rennbahn 6. 99 817 Eisenach

☎ 0 36 91 77 212

💻 www.eisenach.de

🕘 Dienstag - Sonntag von 11.00-17.00 Uhr

SCHLOSSMUSEUM SONDERSHAUSEN

Das Museum ist in der vierflügeligen Schlossanlage untergebracht und präsentiert die Bereiche Musik, Schwarzburgische Landesgeschichte, die Entwicklung der Residenzstadt Sondershausen sowie ein Naturalienkabinett mit einer Sammlung von Kuriositäten. Das Prunkstück ist die Goldene Kutsche, ein fürstlicher Staatswagen, der 1710 in Paris gefertigt wurde.

Schloss 1 99701 Sondershausen

☎ 0 36 32 66 31 2 0 🖷 0 36 32 66 31 10

🕘 April-Sept.: Dienstag-Sonntag 10.00-17.00 Uhr

Anschauen

KYFFHÄUSER - DENKMAL

Auf dem Kyffhäuserburgberg kann man zwei interessante Sehenswürdigkeiten besichtigen: die Ruinenreste der ehemaligen Reichsburg Kyffhausen und das Kaiser-Wilhelm-Denkmal, das zwischen 1890 und 1896 auf den Resten der romanischen Oberburg errichtet wurde.

Kyffhäuser-Denkmal 06 567 Bad Frankenhausen

☎ 0 34 651 27 80 🖷 0 34 651 23 80

✉ www.kyffhaeuser.de

💻 info@kyffhaeuser-denkmal.de

🕘 April - Okt.: Dienstag - Sonntag 9.30 -18.00 Uhr

PANORAMA MUSEUM

Den Besucher erwartet das größte Monumental-Rundgemälde Deutschlands. Der Künstler Werner Tübke schuf über 3000 farbenprächtige Einzelfiguren die auf einer Fläche von 14 x 123m das 16. Jhd. lebendig werden lassen

Am Schlachtberg 9

06 567 Bad Frankenhausen

☎ 0 34 67 1 61 90 🖷 0 34 671 61 92 0

✉ www.panorama-museum.de

💻 info@panorama-museum.de

🕘 April bis Okt.: Dienstag-Sonntag 10.00-18.00 Uhr

SCHAUBERGWERK RÖHRIGSCHACHT

Das untertägige Bergwerk wurde 1991 eröffnet. Es unterscheidet sich außer der Besonderheit dieses Bergbauzweiges dadurch, dass die Besucher mit einer originalen Schachtförderanlage 283m tief in den Schacht einfahren können. Mit der Grubenbahn geht es über 1000m in ein Abbaufeld des 19. Jahrhunderts, wo anhand von Schauobjekten die Abbauentwicklung von den Anfängen bis zur Neuzeit vorgeführt wird. Das Betreiben verschiedener Druckluftgeräte zeigt die enormen Belastungen, denen der Bergmann ausgesetzt war. Führungen müssen telefonisch oder per E-Mail angefragt werden.

Wettelrode

06526 Sangerhausen

☎ 0 34 64 58 78 16 🖷 0 34 64 58 78 16

✉ info@roehrig-schacht.de

💻 www.roehrig-schacht.de

Kulinarisches

DAS TOTAL VERRÜCKTE KARTOFFELHAUS

Das echte Kopfsteinpflaster in den verschiedenen Räumen macht das Lokal urgemütlich. Die Gerichte rund um den Erdapfel werden immer frisch zubereitet und mit viel Phantasie zusammengestellt. So ist z.B. eine "Karre Mist" ein Schweinefilet auf knusprigen Bratkartoffeln und dazu bestellt man einen Kartoffelschnaps aus der hohlen Knolle.

Sophienstraße 44 99817 Eisenach
☎ 0 36 91 72 15 68 🖷 0 36 91 72 1 6 8
✉ Info@kartoffelhaus-eisenach.de
💻 www.kartoffelhaus-eisenach.de
🕘 11.30-14.30 Uhr und 17.30-1.00 Uhr

POSTKELLER RESTAURANT UND KUTSCHERSTUBE

Genuss rund um die Uhr wird in diesem schönen Restaurant geboten. Ca. 45 bis 55 Plätze, die sich in verschiedenen Nischen befinden, lassen den Gast auch ein stilles Plätzchen finden. Der nostalgische Kachelofen vervollkommnet das unverwechselbare Ambiente. In der Speisekarte kann man zwischen ca. 40 Gerichten aus gutbürgerlicher Küche bis hin zu Thüringer und hauseigenen Spezialitäten wählen. Sonderwünsche werden gerne erfüllt.

Frau Annette Goldstein
Steinweg 6 99 974 Mühlhausen
☎ 0 36 01 88 98 29 🖷 0 36 01 88 98 21
✉ postkeller@t-online.de 💻 www.postkeller.net
🕘 tägl. von 11.30-14.30 und 18.00-24.00 Uhr

HOTEL UND RESTAURANT "GRAUES SCHLOSS"

Seit über 30 Jahren bewirtschaftet die Familie Stölzel das liebevoll hergerichtete Schloss mit seinen prächtigen Räumen und dem großen Biergarten. Ritterspieß vom Wildschwein mit herzhaften Bratkartoffeln ist nur eine der Spezialitäten. Der Weinkenner sollte dazu unbedingt einen Portugieser von der Saale-Unstrut nehmen. Ein besonderer kulinarischer Spaß ist der deftige Ritterschmaus.

Familie Stölzel
Thomas-Müntzer-Straße 4 99 826 Mihla
☎ 0 36 924 42 272 🖷 0 36 924 42 72
✉ mail@graues-schloss.de
💻 www.graues-schloss.de

Fun

DIE KYFFHÄUSER THERME

Das Badeparadies bietet nicht nur Spaß sondern auch viel für die Gesundheit. Ein riesiges Freizeitbecken mit Wildwasserkanal 50m Rutsche und allem was dazu gehört sorgt für die äußere Erfrischung. Die Heilkraft des Toten Meeres erfährt man in dem 3,5%igen Solebecken Für die innere Erfrischung steht eine Cafeteria und eine sogenannte Badebar bereit.

August-Bebel-Platz 9
06 567 Bad Frankenhausen
☎ 0 34 671 51 23
🖷 0 34 671 51 259
✉ kur@bad-frankenhausen.de
💻 www.kyffhaeuser-therme.de
🕘 Montag-Sonntag von 09.00-22.00 Uhr

SOMMERRODELBAHN WIPPRA

Ein ideales Ausflugsziel für Große und Kleine. Neben der 1000m langen Rodelbahn gibt es einen "Nautic Jet" (Wasserrutsche), eine Trampolinanlage oder einen 17m hohen Kletterfelsen für Anfänger und Profis.

Am Wolfstal
06 543 Wippra
☎ 0 34 775 20 160
✉ rodelbahn@wippra-harz.de
💻 www.wippra-harz.de

EUROPA - ROSARIUM

Die Anlage zählt zu den schönsten historischen Parks und Gärten des Landes Sachsen-Anhalt. Mit rund 8.000 Rosenarten und -sorten ist es die größte Rosensammlung der Welt. Zudem sind über 300 seltene Bäume und Sträucher zu bewundern.

Steinberger Weg 3
06 526 Sangerhausen
☎ 0 34 64 57 25 22
🖷 0 34 64 57 87 39
✉ info@sangerhausen-Tourist.de
💻 www.europa-rosarium.de
🕘 April-Okt.: tägl. von 8.00-19.00 Uhr

Gut zu wissen

THÜRINGER TOURISMUS GmbH
Postfach 90 04 07
99 107 Erfurt
☎ 0 361 37 420
🖷 0 361 37 42 388
✉ service@thueringen-tourismus.de
💻 www.thuerigen-tourismus.de

KURBETRIEBSGESELLSCHAFT DIE OBERHARZER mbH
Hüttenstrasse 9
38 707 Altenau
☎ 0 53 28 802-0
🖷 0 53 28 802-38
✉ info@harztourismus.com
💻 www. harztourismus.com

TOURIST-INFOMATION EISENACH-WARTBURGLAND
Markt 9 (Creutznacher Haus)
99 817 Eisenach
☎ 0 36 91 79 23-0
🖷 0 36 91 79 23 20
✉ info@eisenach.info
💻 www.eisenach.info

TOURISMUSINFORMATION SONDERSHAUSEN
"Alte Wache", Markt 9
99 706 Sondershausen
☎ 0 36 32 78 81 11 🖷 0 36 32 60 03 82
✉ sdh-info@kyffhaeuser-tourismus.de
💻 www.kyffhaeuser.de

TOURIST INFORMATION BAD FRANKENHAUSEN
Anger 10
06 567 Bad Frankenhausen
☎ 0 34 67 1 71 717 🖷 0 34 67 1 71 719
✉ info@kyffhaeuser-tourismus.de
💻 www.kyffhaeuser.de

ROSENSTADT SANGERHAUSEN GmbH
Am Rosengarten 2 a
06 526 Sangerhausen
☎ 0 34 64 58 980 🖷 0 34 64 58 98 15
✉ rosenstadt@sangerhausen-tourist.de
💻 www.sangerhausen.de

Werkstatt

MOTORRADTECHNIK GOLTERMANN **APRILIA**
Mühlhäuser Straße 5
99 817 Eisenach
☎ 0 36 91 74 38 85
🖷 0 36 91 74 38
✉ info@motorradtechnik-goltermann.de
💻 www.motorradtechnik-goltermann.de

ZWEIRADHAUS BEYERHAUS **YAMAHA**
Kilianistr. 16
99 974 Mühlhausen
☎ 0 36 01 81 22 10
🖷 0 36 01 81 22 12
✉ Info@zweiradhaus-beyerhaus.de
💻 www.zweiradhaus-beyerhaus.de

AUTOHAUS FRITZE **BMW**
Hospitalstraße 158
99 706 Sondershausen
☎ 0 36 32 71 010
🖷 0 36 32 71 01 16
✉ info@autohaus-fritze.de
💻 www.ah-fritze.bmw.de

AUTOHAUS FRITZE **BMW**
An der Stollenmühle 15
06 526 Sangerhausen
☎ 0 34 64 55 93-0
🖷 0 34 64 55 93 55
✉ info@autohaus-fritze
💻 www.ah-fritze.bmw.de

2

Hexenhatz im Harz

Von Abberode nach Bad Sachsa

Auf Münchhausens Spuren

Pünktlich um 7 Uhr werden wir in unserer luxuriösen Datsche per Klopfzeichen aus dem Schlaf gerissen. Als wir einigermaßen wach

sind, beschwert sich die beste aller Ehefrauen über Muskelkater und den fehlenden Muttertagsstrauß. Ihre Kupplungshand schmerzt offensichtlich gewaltig, die Gashand etwas weniger, was mich ungemein beruhigt. Doch im Stillen bin ich sehr stolz auf sie, denn knappe 450km am Stück sind kein Pappenstil für jemanden der längere Zeit nicht intensiv gefahren ist. Bevor wir aber lange unsere Wunden lecken wird erstmal ganz ordentlich gefrühstückt. Nach einem kleinen Plausch mit der Wirtin fahren wir ein paar Kilometer zurück, um uns das Geburtshaus von Gottfried August Bürger in Mollmerswende anzusehen. Direkt neben der Kirche steht das ehemalige Pfarrhaus. Die Literaten unter den Bikern wissen sicher, dass der am 31.12.1774 geborene G. A. Bürger zu den bedeutendsten deutschen Dichtern gezählt wird. Den nicht so belesenen Moppedfahrern sei gesagt, dass einige Lügengeschichten des Baron von Münchhausen von ihm verfasst worden sind; darauf weist auch eine witzige Metallplastik vor dem Hause hin.

Tour 2

Quick Check

Start : Abberode
Ende : Bad Sachsa

Länge : ca. 230 km
Dauer : ca. 8 h

Wir wollen uns aber nicht weiter in deutsche Literaturgeschichte vertiefen, sondern eher erdverbunden das Mansfelder Bergland

genießen. Und so machen wir uns auf den Weg nach Norden. Doch schon nach wenigen Kilometern lockt uns ein Hinweisschild auf die Burg Frankenstein, hoch über dem romantischen Selketal. Im 12 Jahrhundert gegründet, gehört sie zu den schönsten und besterhaltensten Burgen im Harz. Von März bis Oktober zeigt man unter anderem freifliegende Greifvögel, musikalische Events und mittelalterliches Marktgetümmel. Die geschotterte Auffahrt zur Burg ist für Fahrzeuge aller Art gesperrt. Wer jedoch die 20-minütige Wanderung scheut, sollte es mit einem guten Spruch am Infokiosk versuchen. Eventuell ist damit eine mündliche Durchfahrtgenehmigung zu erhalten. Nach einem kurzen Rundgang durch die wunderschöne Burganlage schwingen wir uns wieder auf die Motorräder und queren das traumhafte Selketal. Bergauf, bergab geht es über Ballenstedt nach Gernrode am Fuße des Ostharzes. Das kleine Städtchen ist nicht nur ein Haltepunkt der 100-jährigen dampfbetriebenen Selketalbahn, sondern bietet auch Historisches. Die 1000 Jahre alte Stiftskirche aus ottonischer Zeit ist weitgehend unverändert erhalten geblieben. Doch auch Neueres gibt es zu bestaunen. So die Harzer Uhrenfabrik mit ihrer Kuckucksuhr und dem Riesenwetterhaus, oder das mit 7,5 Meter Höhe laut Guinessbuch der Rekorde größte Thermometer der Welt. Ansonsten geht es ruhig zu in Gernrode.

Leben im Gesamtkunstwerk

Wesentlich lebhafter ist das knapp 10 Kilometer entfernte Quedlinburg. Weltkulturerbe und Zentrum deutscher Fachwerkkunst. 1300 Fachwerkhäuser aus acht Jahrhunderten, fantastische Jugendstilvillen und das Schlossberg-ensemble mit der Stiftskirche gibt es hier zu sehen. Wohin man auch schaut, überall wird an das Geschehen aus der Zeit der ottonischen Kaiser erinnert. All das zu beschreiben würde den Rahmen dieses Buches bei Weitem sprengen. Doch man kann es auf sich wirken lassen - und zwar in einem der vielen Straßencafes auf dem historischen Marktplatz der denkmalgeschützten Altstadt. Mit Fug und Recht behauptet die Stadt von sich selbst, ein Gesamtkunstwerk zu sein in dem man auch leben kann.
Ein wenig wehmütig lassen wir diese zauberhafte Stadt hinter uns, jedoch mit der Vorfreude auf's Motorradfahren im Hochharz. Erstmal geht's bretteben dahin. Etwas gelangweilt brausen wir auf der B6 Richtung Westen. Über Westerhausen erreichen wir Blankenburg, weithin bekannt durch seine insgesamt 100 Hektar großen Schlossgärten im barocken Stil, die zu den schönsten Deutschlands gehören. Hoch über dem Ort thront das Große Schloss. Von hier geht der Blick nach Norden auf das fast 300m hohe, steil ansteigende Sandsteinmassiv des Regenstein. Im Süden erhebt sich die sagenumwobene und bizarre Teufelsmauer. Und genau in diese Richtung wollen wir - in's Bikerparadies des mittleren Deutschland.

Hexenjagd auf zwei Rädern

Von Paradies kann jedoch zunächst keine Rede sein, denn dort gab es bekanntlich nur zwei Menschen. Hier, am Pfingstsonntag bei Kaiserwetter, sind es Tausende und die sind nicht nur auf der Straße. Schleichende Sonntagsfahrer und rasende Biker machen ein entspanntes Fahren recht schwierig. Wir lassen uns die Laune jedoch nicht verderben. Hinauf geht's die B81 über Cattenstedt bis Amsfeld. Oben angekommen biegen wir links nach Altenbrak ab. Hier gibt's Kurven ohne Ende. Über Treseburg kommen wir dann in das sagenumwobene Bodetal, dem Grand Canyon des Harzes. Die Hexenjagd auf zwei Rädern kann beginnen. Zuerst jagen wir hinauf zu dem 400 Meter hohen mystischen Felsengipfel der Rosstrappe. Ein wahrer Hexenkessel. Menschen über Menschen, und der Sessellift von Thale bringt immer mehr herauf. Uns ist das zu viel, also kehren wir um. Hinunter nach Thale und wieder hinauf zum "Hexentanzplatz" - doch hier das gleiche Spiel. Noch eine Seilbahn und genauso viel Betrieb. Das macht keinen Spaß, die Fahrerei ausgenommen. Deswegen kehrt marsch und über Friedrichsgrund wieder nach Gernrode geflitzt. Wir erleben eine fantastische Strecke. Dichter Wald, in dem sich Kurve an Kurve reiht. Das geht alles so weiter bis Mägdesprung und Harzgerode, Silberhütte und in Richtung Stolberg. Kurz vorher wird uns ein angenehmer Aufenthalt versprochen. Ein Pappschild weist uns den Weg zum "Großen Maientanz mit Egerländer Blasmusik" am Josephskreuz. Wir bahnen uns den Weg durch zig Wandervögel und erreichen kurz darauf das von Karl Friedrich Schinkel entworfene, weltweit größte Eiserne Doppelkreuz auf dem Großen Auerberg. Unterhalb des 40 m hohen Kreuzes ist "Oktoberfest". Nach kurzer Rast lassen wir das Theater hinter uns und donnern mit einigen anderen Bikern nach Stolberg hinein. Der romantische Ort ist in vier Täler eingebettet und umgeben von tiefen Wäldern. Faszinierend ist das geschlossene historische Stadtbild, das von Fachwerkhäusern aus vier Jahrhunderten geprägt ist. Hoch über all dem

wacht die mächtige Schlossanlage. Insbesondere über den Touristenstrom. Der nicht allzu große Marktplatz mit seinem prachtvollen Rathaus ist zum Bersten voll. Darunter schätzungsweise ca. 1000 Biker. Vom Mofa bis zur Harley ist alles vertreten. Die Straßencafes sind überfüllt und der Linienbus kommt kaum noch durch. Ein herrliches Getümmel. Doch wir tummeln uns dann auch. Über Rottleberrode, Buchholz und Niedersachswerfen rollen wir hinein nach Nordhausen im Südharz. Das Wahrzeichen der Stadt, der 3,30m große Rote Roland bewacht mit gezücktem Schwert das Rathaus am Markt. Ein anderes Wahrzeichen ist wohl mittlerweile das Huhn das Körner pickt, aus denen in Nordhausen Korn gebrannt wird. Wie das geht wird in der "Traditionsbrennerei", einem liebevoll restaurierten Jugendstilensemble, gezeigt. Für einen Besuch der Destillerie sollte der Biker Zeit und Übernachtung einplanen, denn nicht nur Wissenswertes, sondern auch Verkostung wird hier angeboten. Ein dunkles Kapitel der Stadt zeigt die KZ-Gedenkstätte "Mittelbau-Dorla", wo ab Januar 1944 die "Wunderwaffen" V1 und V2 von Zwangsarbeitern produziert wurden. Nach einer kurzen Rundfahrt über das riesige Gelände verlassen wir erschüttert den grausigen Ort deutscher Geschichte. Der kurze Ritt nach Bad Sachsa durch die leicht hügelige und herrliche Landschaft muntert uns wieder etwas auf. Leicht abgekämpft suchen wir in dem kleinen Kurort nach einer bikerfreundlichen Unterkunft. Was am Pfingstsonntag gar nicht so einfach ist. So entschließen wir uns die hiesige Jugendherberge aufzusuchen. Dort gibt's für uns tatsächlich ein Bett und das Essen ist hervorragend. Außerdem bleibt die Reisekasse weitgehend geschont.

BURG FALKENSTEIN

Zwischen Meisdorf und Pansfelde liegt auf einem Felsen hoch über dem Selketal die Burg Falkenstein. Sie wurde ursprünglich zwischen 1120 und 1180 erbaut, doch im Laufe der Jahrhunderte vielfach verändert. Die Burg ist nie von Feinden eingenommen worden. Ende des 18. Jahrhunderts war die Burg Falkenstein eine Ruine, wurde dann aber von einem neuen Besitzer wieder liebevoll aufgebaut und ist heute eine der am besterhaltenen Burgen im Harz.

Ihre Entstehung verdankt Burg Falkenstein der Sage nach einem Mordfall: Im Streit hatte Egeno II. von Konradsburg um die Zeit 1080 den Grafen Adalbert II. von Ballenstedt erschlagen, woraufhin der Stammsitz des Mörders in ein Kloster umgewandelt werden sollte. Der Sohn Egenos, Burchard von Konradsburg, ließ daraufhin die neue Burg Falkenstein errichten.

Zur Zeit der Regierung von Fürst Heinrich von Anhalt verfasste der anhaltische Ministeriale Eike von Repgow aus Reppichau hier nach 1220 den "Sachsenspiegel", das erste deutsche Rechtsbuch. Das Buch ist dem Auftraggeber Hoyer von Falkenstein zugeeignet. Nach dem Erlöschen des Falkensteiner Geschlechts um 1334 übernahmen die Herren von der Asseburg 1437 die Anlage mit allen Besitzungen. Ihre intensive Bautätigkeit im 15.-17. Jhd. wahrte den mittelalterlichen Grundcharakter der Burg.

Auf der Burg Falkenstein findet man heute einen Falkenhof, der zahlreiche einheimische Greifvogelarten beherbergt. In der warmen Jahreszeit werden täglich (außer Montag) Flugvorführungen mit diesen Tieren abgehalten.

Die Burg besitzt außerdem ein umfangreiches Museum. In diesem werden unter anderem mittelalterliche Möbel, Kunstgegenstände, Jagdgeräte und Waffen gezeigt. Es besteht auch die Möglichkeit, den Bergfried zu ersteigen. Von oben genießt man einen herrlichen Blick in die nahen Harzberge und das nördliche Harzvorland. Sehr empfehlenswert ist auch ein Besuch der historischen Burgküche und die Burggaststätte "Krummes Tor".

Zu DDR-Zeiten diente die Burg als Kulisse in zahlreichen Märchenfilmen der damaligen ostdeutschen Filmgesellschaft DEFA.

Es gibt mehrere Möglichkeiten, die Burg Falkenstein zu erreichen. Von Meisdorf aus führt ein etwa fünf Kilometer langer, steiler Weg hinauf zur Burg. Ein zweiter beginnt beim Parkplatz nahe der Gaststätte "Gartenhaus" zwischen Meisdorf und Pansfelde. Von hier aus sind es weniger als zwei Kilometer Fußweg bis zur Burg. Ab "Gartenhaus" kann man in der Saison auch mit einer Pferdekutsche fahren.

Info

Übernachten

PARKHOTEL SCHOSS MEISDORF

Allee 5 06 463 Meisdorf
☎ 0 34 74 39 80 Fax 0 34 74 39 822
meisdorf@vandervalk.de
www.vandervalk.de/meisdorf

Wer den Luxus liebt, steigt in diesem herrlichen Hotel ab. Das Schloss aus dem Jahre 1708 liegt am Fuße der Burg Falkenstein im romantischen Selketal. Einzigartiges Ambiente, hervorragende Küche und ein 18-Loch-Golfplatz. Über 72 Zimmer, darunter auch authentische Schlosssuiten vermitteln fürstliche Gastlichkeit.

HOTEL BEUTEL "CHALET WALDFRIEDEN"

Rittergasse 77 06 547 Stolberg
☎ 0 34 65 48 090 Fax 0 34 65 48 09 41
info@hotel-beutel.de
www.hotel-beutel.de

In ruhiger Lage am Ortsrand von Stolberg liegt das familiär betriebene Komfort-Hotel. Das historische Haus das nach Plänen Karl-Friedrich Schinkels erbaut wurde, hat besonderen Charme und garantiert erholsame und unbeschwerte Urlaubstage.

FERIENPARK STUKENBREITE

Stukenbreite 1 38 889 Blankenburg
☎ 0 39 44 28 85 Fax 0 39 44 28 86
info@stukenbreite.de
www.Stukenbreite.de

Ruhig am Stadtrand von Blankenburg gelegen, bietet das Hotel alle Übernachtungsmöglichkeiten. Gemütlich eingerichtete Ferienhäuser, Wohnungen und Zimmer. Das Restaurant mit gutbürgerlicher Küche lässt auch den hungrigsten Biker satt werden.

JUGENDHERBERGE BAD SACHSA

Jugendherbergsstraße 9 37 441 Bad Sachsa
☎ 0 55 23 88 00 Fax 0 55 23 71 63
jh-sachsa@djh-hannover.de
www.jugendherberge.de/jh/sachsa

Einfach und zweckmäßig. Auch der "große Biker" ist hier herzlich willkommen und die Verpflegung ist hervorragend.

Übernachten

HOTEL "ZUR HELME"

Sondershäuser Straße 24
99734 Nordhausen / OT Sundhausen
☎ 0 36 31 60 09 15 Fax 0 36 31 60 11 27
hotel-zur-helme-sundhausen@t-online.de
www.hotel-zur-helme.de

Seit 1978 befindet sich das Hotel & Restaurant "Zur Helme" im Besitz der Familie Buchmann und den Gästen wird seither ein angenehmer Aufenthalt geboten. Die Küche ist vorzüglich und lässt keine Wünsche offen. So ist es nicht verwunderlich, dass das Haus zahlreiche Auszeichnungen erhalten hat. Deftige Hausmannskost aus der Region wird ebenso serviert wie internationale Gerichte oder diverse Fondues.

HOTEL ZUM BÄR

Markt 8/9 06 484 Quedlinburg
☎ 0 39 46 77 70 Fax 0 39 46 70 02 68
info@hotelzumbaer.de
www.hotelzumbaer

Der historische Rahmen des 250 Jahre alten Hauses wurde mit modernstem Wohnkomfort ausgestattet. So entstand ein liebevoll eingerichtetes Traditionshotel mit harmonischer Atmosphäre. Keines der Zimmer gleicht dem anderen. Jedes wurde mit Liebe zum Detail eingerichtet, um den einzigartigen Charme des Hauses zu untermalen.

BERGHOTEL HEXENTANZPLATZ

Hexentanzplatz 1
06 502 Thale
☎ 0 39 47 47 30 Fax 0 39 47 47 338
info@berghotel-hexentanzplatz.de
www.berghotel-hexentanzplatz.de

Das Hotel-Restaurant auf dem sagenhaften Hexentanzplatz bietet alles was dazu gehört: Zwanglose, behagliche Atmosphäre, echte Gastfreundschaft und eine gute Küche. Lassen Sie sich mit gepflegter "Harzer" Gastlichkeit verwöhnen. Die Hotelzimmer sind gemütlich eingerichtet und verfügen alle über Dusche/WC, TV, Radio, Telefon und Minibar.

Anschauen

BURG FALKENSTEIN / HARZ

Hoch über der Selke erhebt sich auf einem Bergsporn die Burg Falkenstein, die gut renoviert heute ein Museum beherbergt. In den letzten Jahren wurden viele Räume in ihren originalen Zustand zurückversetzt. Genannt seien hier der Rittersaal mit der reich gedeckten Tafel, die "Alte Küche", die Herrenstube mit dem Pleyel-Hammerflügel, die Burgkapelle mit ihren einmaligen Glasfenstern und der Schrankorgel. Seit einiger Zeit wird auf der Burg auch wieder die Falknerei betrieben. Ein erfahrener Falkner zeigt die freifliegenden Vögel täglich von März bis Oktober. Die Burggaststätte "Krummes Tor" lädt ebenfalls zu einem Besuch ein.

Burg Falkenstein 06 543 Falkenstein/Pansfelde
☎ 0 34 743 53 55 900 🖷 0 34 743 53 55 920
✉ falkenstein@dome-schloesser.de
💻 www.burg-falkenstein.de
🕘 April-Okt.: 10.00-18.00 Uhr

GERNRODE

Wer das kleine Städtchen am Fuße des Ostharzes besucht sollte sich doch etwas Zeit nehmen, um einige Sehenswürdigkeiten zu bestaunen. Die über 1000-jährige Kirche St. Cyriakus ist eine der ältesten Kirchen Nordeuropas und gilt als eines der wichtigsten Denkmäler deutscher Romanik. Die "Alte Elementarschule" wurde 1533 erstmals erwähnt und hat für Gernrode eine besondere Bedeutung. Sie ist vermutlich die älteste protestantische Elementarschule Deutschlands.

QUEDLINBURG

Nicht von ungefähr wurde die mittelalterliche Kaiserstadt zum Welterbe der UNESCO erhoben. In den Gassen der Stadt finden sich zahlreiche Zeugnisse alter Baukunst. Den Mittelpunkt bildet das Rathaus am Marktplatz. Doch auch die vielen anderen Fachwerkhäuser aus sechs Jahrhunderten bilden eine Einheit, die die Stadt einzigartig macht. Nicht nur das historische Ambiente beeindruckt, es herrscht auch quirliges Leben. Museen wechseln sich ab mit Hotels, Kneipen und Straßencafes, die vielfach in den historischen Bauwerken untergebracht sind.

Anschauen

SCHLOSSGÄRTEN BLANKENBURG

Auch hier steht der historische Stadtkern unter Denkmalschutz. Das oberhalb der Stadt liegende Barockschloss aus dem 18. Jhd. zählt mit seinen mittel-alterlichen Teilen und dem Renaissanceflügel zu den bedeutenden Bauwerken der Stadt. Das kleine Schloss umgibt ein wunderschöner barocker Terrassengarten.

JOSEPHSKREUZ AUF DEM AUERBERG

Auf der Josephshöhe, in der Nähe von Stolberg steht ein über hundert Jahre alter Aussichtsturm, das sogenannte Josephskreuz. Es ist das größte stählerne Doppelkreuz der Welt. Steigen Sie die 212 Stufen hinauf bis zur Aussichtsplattform und genießen Sie den Rundblick in 575m Höhe. Nach dem Abstieg erwartet Sie am Fuße des Turmes eine gemütliche Gaststube.

STOLBERG

Die "Perle des Südharzes" ist eine wahre Bilderbuchstadt und den Titel "Historische Europastadt" erhielt sie nicht von ungefähr. Dicht an dicht reihen sich Fachwerkhäuser aus vielen Jahrhunderten. Darunter das "Kleine Bürgerhaus", das prachtvolle dreigeschossige Rathaus oder das Rittertor, eines der ältesten Baudenkmäler der Stadt. Nicht zu vergessen ist das hoch über dem Tyratal gelegene Renaissanceschloss der Stolberger Grafen.

MUSEUM "ALTE MÜNZE"

In einem der schönsten Fachwerkhäuser Stolbergs befindet sich eine Münzwerkstatt die 1535 errichtet wurde. Daneben gibt es einen Thomas-Müntzer-Gedenkraum der vieles zum Leben des Predigers und Bauernführers zeigt. Die einmalige historische Münzwerkstatt ist mit Geräten aus dem 15. bis 18. Jhd. ausgestattet. Noch heute ist die Werkstatt in Betrieb und man kann die Herstellung verschiedener Münzen hautnah miterleben.

Markt 2 06547 Stolberg (Harz)
☎ 03 46 54 454 🖷 03 46 54 729
✉ info@stadt-stolberg-harz.de
💻 www.stolberger-museen.de
🕘 Mi.-So.: 10.00-12.30 und 13.00-17.00 Uhr

Anschauen

"ECHTER NORDHÄUSER TRADITIONSBRENNEREI"

In Nordhausen wird seit 1507 Korn zu Schnaps gebrannt. Einige der wenigen noch erhaltenen Brennereien ist die "Traditionsbrennerei". Das einzigartige Jugendstilensemble ist mit Sicherheit einen Besuch wert. Ebenso die Ausstellung zu 500 Jahren Branntradition. Seit 1819 wurde fast 40 Prozent der preussischen Branntweinproduktion in Nordhausen erzeugt. Nach der Führung können die Kornspezialitäten auch verkostet werden.

Grimmelallee 11 — 99 734 Nordhausen
☎ 0 36 31 63 63 63 — 🖷 0 36 31 63 67 363
🕘 Mo.-Sa. von 10.00-16.00 Uhr

KZ-GEDENKSTÄTTE MITTELBAU DORA

In dem KZ Mittelbau Dora und seinen Außenlagern mussten in den letzten Kriegsjahren etwa 60.000 Häftlinge aus dem besetzten Europa Zwangsarbeit verrichten. Vor allem auf Baustellen zur Untertageverlegung der Rüstungsproduktion. Mehr als 20.000 überlebten diese Torturen nicht.

Kohnsteinweg 20 — 99 734 Nordhausen
☎ 0 36 31 49 580 — 🖷 0 36 31 49 58 13
💻 www.dora.de — ✉ info@dora.de

MUSEUM KLOSTER WALKENRIED

Das Museum Kloster Walkenried wurde im Jahr 2006 als eines der größten Klostermuseen Europas eröffnet. Der Besucher begibt sich auf eine Zeitreise durch die vollständig erhaltenen Klausurgebäude aus dem 13. Jahrhundert, in denen durch akustische und visuelle Inszenierungen das Mittelalter wieder lebendig wird. Man lernt nicht nur Leben und Wirken der Zisterzienser als gläubige Kirchenmänner, sondern diese auch als clevere Geschäftsleute kennen, nämlich als Betreiber eines überaus erfolgreichen Unternehmens: des "Weißen Konzerns". Sie entdecken ein "Kultur-Highlight" der besonderen Art.

Steinweg 4 a — 37 445 Walkenried
☎ 0 55 25 95 99 064 — 🖷 0 55 25 95 99 066
✉ info@kloster-walkenried.de
💻 www.kloster-walkenried.de
🕘 Di. bis So. von 10:00-17:00 Uhr

Kulinarisches

ZUM KLOSTERFISCHER

Ein wenig außerhalb von Blankenburg liegen die ehemaligen Mönchsteiche vom Zisterzienserkloster Michaelstein. Schon im Mittelalter wurden hier Fische gezüchtet und die Familie Zordel setzt diese Tradition aufs Beste fort. Was liegt also näher als aus den feinen Fischen eine gute Mahlzeit zu zubereiten? So gibt es beim Klosterfischer gegrillte und geräucherte Fische in allen Variationen

Michaelstein 14 — 38 889 Blankenburg
☎ 0 39 44 35 11 14 — 🖷 0 39 44 35 43 45
✉ klosterfischer@t-online.de
💻 www.klosterfischer.de
🕘 tägl. ab 8.00 Uhr

BERGSTÜB'L JOSEPHSHÖHE

Die gemütliche Ausflugsgaststätte liegt nur wenige Kilometer von Stolberg entfernt auf dem Auerberg und bietet eine hervorragende regionale Küche. An Wochenenden werden zudem verschiedene Grillspezialitäten vom Rost serviert. Bei guter Stimmung erzählt der Wirt Dieter Hohmann Geschichten zur Geschichte des Auerbergs oder nimmt die "Steirische" und singt dazu.

Bergstüb'l am Johanniskreuz — 06 547 Stolberg/Harz
☎ 0 34 654 476 — 🖷 0 34 654 85 959
✉ info@bergstuebl-josephskreuz.de
💻 www.bergstuebl-josephskreuz.de

BURGGASTHOF RUINE HOHENSTEIN

Die Burgruine liegt etwa 10 Kilometer nordöstlich von Nordhausen und ein Abstecher lohnt sich allemal. Seit April 2001 werden die Gäste im neugestalteten Burggasthof der Ruine Hohnstein wieder herzlich willkommen geheissen. Da die Speisen stets frisch zubereitet werden, kann es manchmal etwas länger dauern bis sie auf den Tisch kommen. Doch bei einem guten Tropfen Wein lässt es sich hier leicht auf das ausgezeichnete Essen warten.

Burgruine Hohnstein — 99 762 Neustadt/Harz
☎ 0 36 331 49 049 — 🖷 0 36 331 49 878
✉ info@burghohnstein.de
💻 www.burghohnstein.de
🕘 Di.-So. 11.00-22.00 Uhr — Montag Ruhetag

Fun

SEILBAHNEN THALE

Am Ausgang des wildromantischen Bodetals mit all seinen Hexen und Teufeln und allerlei Sagen und Mythen liegt Thale. Von hier aus startet die Kabinenbahn hinauf zum Hexentanzplatz. Die Fahrt über den "Grand Canyon" des Harzes ist ein beeindruckendes Erlebnis. Ebenfalls von Thale aus erreicht man mit einer Sesselbahn die gewaltige Felsformation "Rosstrappe".

Goetheweg 1 — 06 502 Thale
☎ 0 39 47 25 00 — 🖷 0 39 47 26 45
✉ info@seilbahnen-thale.de
🖳 www.seilbahnen-thale.de

HARZER BERGTHEATER THALE

Das Bergtheater ist eines der ältesten Naturtheater Deutschlands. Gegründet wurde es im Jahre 1903 von Dr. Ernst Wachler, der die Bühne nach dem Vorbild griechischer Amphitheater geschaffen hat. Während der Sommermonate von Mai bis September finden in der "Grünen Bühne" am Hexentanzplatz zahlreiche Veranstaltungen statt. Oper und Operette wird ebenso aufgeführt wie Musical und Schauspiel. Auf den 1300 Sitzplätzen bietet sich ein fantastischer Blick auf die Bühne und hinein ins Harzvorland.

Hexentanzplatz — 06 502 Thale
☎ 0 39 47 23 24 — 🖷 0 39 47 94 90 01
✉ harzer-bergtheater@t-online.de
🖳 www.harzer-bergtheater.de

NORDHÄUSER STRASSENBAHNEN

Drei verschiedene historische Straßenbahnen stehen für Sonderfahrten zur Verfügung. Die Kleinste ist noch mit Holzbänken ausgestattet und wurde 1934 gebaut. Sie bietet bis zu 30 Personen Platz. Der "Gothaer Triebwagen" von 1959 hat 22 Sitzplätze und kann ca. 50 Personen befördern. Das "Schienenbistro" hat 18 Sitzplätze und ca. 30 Stehplätze. Mit der Ausschankbar und viel Musik machen Stadtrundfahrten richtig Spaß.

Verkehrsbetriebe Nordhausen GmbH
Robert-Blum-Str. 1 — 99 734 Nordhausen
☎ 0 36 31 63 92 15 — 🖷 0 36 31/639-240
✉ info@stadtwerke-nordhausen.de
🖳 www.nordhausen.de

Gut zu wissen

QUEDLINBURG-TOURISMUS-MARKETING GmbH

Markt 2 — 06 484 Quedlinburg
☎ 0 39 46 90 56 24 — 🖷 0 39 46 90 56 29
✉ qtm@quedlinburg.de
🖳 www.quedlinburg.de

TOURISMUS INFORMATION STOLBERG

Markt 2 — 06 547 Stolberg / Harz
☎ 0 34 65 44 54 — 🖷 0 34 65 47 29
✉ info@stadt-stolberg.de
🖳 www.stadt-stolberg.de

SAMTGEMEINDE WALKENRIED

Bahnhofstr. 17 — 37 445 Walkenried
☎ 0 55 25 20 20 — 🖷 0 55 25 20 255
✉ info@walkenried.de
🖳 www.walkenried.de

STADTINFORMATION NORDHAUSEN

Markt 1 — 99 734 Nordhausen
☎ 0 36 31 69 67 97 — 🖷 0 36 31 69 67 99
✉ stadtinfo@nordhausen.de
🖳 www.nordhausen.de

Werkstatt

MOTORRAD-SHOP-WOITKE — **SUZUKI**

Am Bahnhof 5A
99 762 Niedersachswerfen
☎ 0 36 331 42 602 — 🖷 0 36 331 31 945
✉ motorrad-shop-woitke@mobile.de.
🖳 www.motorrad-shop-woitke.de

H & K MOTORSPORT — **SUZUKI**

Albert-Schweitzer-Straße 1
06 484 Quedlinburg
☎ 0 39 46 91 92 24 — 🖷 0 39 46 91 92 24
✉ hk-motorsport@t-online.de
🖳 www.hk-motorsport.de

Von Bad Sachsa nach Altenau

Die Seentour 3

Deutsch-Deutsche Geschichte

Putzmunter sitzen wir nach einem ausgedehnten Frühstück schon um 8:30 Uhr im Sattel. Zuerst fahren wir nach Trettenborn. Im "Grenzlandmuseum" wird die Erinnerung an den Kalten Krieg und die Wiedervereinigung durch besonders interessante Exponate wachgehalten. So zum Beispiel der legendäre selbstgebaute Heißluftballon zum Fluchtversuch oder eine Reihe Originaldokumente der DDR-Staatssicherheit.

Nach diesem Eindruck deutsch-deutscher Geschichte kommen wir auf der B243/B27 flott voran. Weithin sichtbar, zeigt uns das über 900 Jahre alte Welfenschloss den Weg nach Herzberg im Harz, dem südlichsten Tor zum Nationalpark. Im Schloss selbst erinnert ein Faksimile des wertvollen Evangeliars Heinrichs des Löwen aus dem 12. Jahrhundert an seinen berühmten Besitzer.

Nach einigen Runden durch das Städtchen halten wir etwas orientierungslos an einem Kreisverkehr. Kaum haben wir uns umgeschaut, naht schon ein gemischtes Doppel im Streifenwagen. Kurze Begrüßung und dann werden wir von den freundlichen Polizisten stadtauswärts in Richtung St. Andreasberg eskortiert. Eine freundliche Verabschiedung und ein nützliches Faltblatt "Sicheres Biken" im Gepäck garantiert uns eine herrliche Strecke in den Oberharz nach

Tour 3

Quick Check

Start : Bad Sachsa
Ende : Altenau

Länge : ca. 210 km
Dauer : ca. 8 h

Sieber und Silberhütte. Hier beschließen wir zuerst den Oderstausee anzufahren und anschließend hinauf nach St. Andreasberg zu cruisen. Ein kleiner "Kreisel" von vielleicht 15km - und das lohnt sich. Odertal ist schnell erreicht, danach geht's gemütlich den Oderstausee entlang bis zum Abzweig St. Andreasberg (Harzer Roller). Kurz den Blinker links gesetzt und in wilden Kurven den Berg hinauf gejagt. Der Asphalt ist griffig, die Kurven eng. Fahrspaß pur - nur etwas zu kurz. Der kleine Ort kann seine Bergbautradition nicht verleugnen. Die dunklen Häuser aus Holz kleben an den steilen Hängen. Will man ihn per pedes erkunden, drohen einem bis zu 22 Prozent Gefälle, und das heißt eben auch Steigung. Deshalb fahren wir lieber Motorrad und zwar wieder hinunter zum Abzweig an der B27. Dann links und wieder den Berg hinauf nach Braunlage, einem recht lebhaften Touristenstädtchen am Fuße des 921m hohen Wurmbergs, der unter anderem auch hervorragende Wintersportmöglichkeiten bietet. Allerdings haben wir jetzt Frühling und da lockt das herrliche Wetter natürlich auf die Straße. Auf der gut ausgebauten B242 geht's nach Osten und immer wieder werden wir zum Gas geben verführt. Doch andererseits auch immer wieder durch reichlich "Starenkästen" zur Vernunft gebracht. Ich hoffe die Fotos sind gut geworden.

Der Wilde Westen mitten im Harz

In Trautenstein gönnen wir uns ein Päuschen auf der Terrasse eines hübschen Landgasthofes. Von hier sind die Bikerpulks, die mit viel Getöse durch das Dorf rauschen, gut zu beobachten. Wir denken derweil an die "Vogelkästen". Nach einer kleine Stärkung setzen wir unsere Stauseetour fort. In Hasselfelde werden wir aber erst in eine Westernstadt namens "Pullman City" gelockt. Auf ca. 100.000 qm wurde hier eine Westernstadt nachgebaut, in der sich Lucky Luke vermutlich richtig wohlfühlen würde. Leider haben wir die jährliche "Pullman City Bike Week" verpasst und da Westernam-biente nicht so unser Ding ist, gehen wir wieder auf Tour und erfreuen uns lieber am herrlichen

Wetter und der Fahrerei. Kurz nach Hasselfeld taucht die Rappbodentalsperre, Deutschlands größter Stausee, auf. Der 90 Meter hohe und 415 Meter lange Staudamm gibt einen fantastischen Blick auf die umliegenden bewaldeten Hänge frei. Wir überqueren die Staumauer und gelangen durch einen etwa 300 Meter langen Tunnel. Am Tunnelausgang ist der Teufel los. Ein Volksfest der besonderen Art. Bier- und Bratwurstbuden, Biker und Polizei. Eine Pause muss sein, damit wir in Ruhe das Gewusel betrachten können. Aber auch die Schutzmacht betrachtet alles ganz genau. Offenbar ist im Tunnel Geschwindigkeitsmessung, denn reichlich Moppedfahrer werden angehalten. Dann das volle Programm: Reifen, Auspuff, Umbauten und so weiter. Nach einigen Kilometern ein Highlight der anderen Art: die Rübeländer Tropfsteinhöhlen. Die Baumanns- und Hermannshöhle verzaubern und führen den Besucher in eine unterirdische Traumwelt.

Traumhaft ist auch Wernigerode. Die "Bunte Stadt am Harz" bietet besonders reichliches Fachwerkidyll. Vor allem das Rathaus, am herrlichen Marktplatz gelegen, aber auch das 120m über der Stadt thronende Schloss ist einen Besuch wert. Fast 50 original eingerichtete Wohnräume geben einen Einblick in das Leben des Hochadels vor hundert Jahren. Für Eisenbahnnostalgiker ist auch gesorgt. Am Bahnhof Westerntor beginnt die Strecke der Harzquerbahn. Wer genügend Zeit mitbringt, sollte eine Fahrt auf der kühnen Trasse zum "Brocken" nicht versäumen. Auch wir folgen ein Stück der Strecke, allerdings nur auf zwei Rädern. In einem romantischen Tal passieren wir den kleinen Bahnhof Drei Annen Hohne und fahren parallel der Schmalspurstrecke bis Schierke im Hochharz, einem kleinen Ort am Fuße des Brockens. Für uns ist hier Schluss, denn die Zufahrt auf den sagenumwobenen 1142 Meter hohen Brocken ist gesperrt. Wer auf dem Blocksberg dem Brockengespenst begegnen, Hexen jagen oder beim Brockenwirt nur ein Bierchen trinken will, muss gut zu Fuß sein. Zweieinhalb Stunden Marsch. Leichter geht es mit der Brockenbahn, die in Schierke startet.

Das Elend am Ende der Welt

Wir hingegen fahren zurück und haben auch gleich das Elend - nein nicht dieses - sondern das kleine 400-Seelen Bergdorf mit der kleinsten Holzkirche Deutschlands und einem Bahnhof, Haltepunkt der Harzquerbahn erreicht. Von hier aus besteigt man den alten Dampfzug und erreicht in Nordhausen die große, weite Welt.

Kurz vor Braunlage, welches wir schon besucht haben, biegen wir rechts ab. Vorbei an den Sesselliften zum Wurmberg kommen wir durch Königskrug nach Oderbrück. Ganz in der Nähe liegt der Oderteich, ein weiterer Stausee auf unserer Seentour. In 725 Meter Höhe liegt die Staumauer. 1722 fertig gestellt, zählt die historische Talsperre zu den ältesten Deutschlands. Beim Anblick von so viel Wasser plagt uns der Durst und wir begeben uns auf die Suche nach einer geeigneten Lokalität. Diese finden wir in Torfhaus, einem Ortsteil von Altenau. Auf 800m über N.N. ist Torfhaus die höchst gelegene Siedlung im Harz und ist eigentlich eine Ansammlung von Kneipen und Gasthäusern. Das größte und kurioseste ist wohl die "Bavaria-Alm", eine Riesenhütte in bester alpenländischer Bautradition. Neben einem Großparkplatz steht das riesige Blockhaus, der Treffpunkt im Harz schlechthin. Auf der weiten Holzterrasse lassen wir es uns gut gehen, nehmen einen Imbiss und entspannen uns bei bester Aussicht auf den Brocken. Gestärkt verlassen wir am späten Nachmittag diesen gigantischen Bikertreff und rollen hinunter nach Altenau. Wir finden auch gleich ein passendes Hotel. Bei einem leckeren Absacker lassen wir den Tag noch einmal Revue passieren und besprechen den nächsten Tag, bis Bettgehzeit angesagt ist.

Harzer Schmalspurbahnen

Die Harzer Eisenbahngesellschaft in Wernigerode betreibt ein ca. 140km langes Netz von dampfbetriebenen Schmalspurbahnen im Harz. Es ist das längste dampfbetriebene Streckennetz in Europa. Dieses Netz mit der Spurweite von 1000mm besteht aus den drei Strecken Harzquerbahn, Selketalbahn und Brockenbahn.

In den Endbahnhöfen Nordhausen, Quedlinburg und Wernigerode hat man Anschluss an das Netz der Deutschen Bahn. Das Schmalspurnetz ist durch die Verbindung von ursprünglich getrennten Bahnlinien entstanden, welche verschiedenen Bahngesellschaften gehörten.

1887 wurde mit der Strecke Gernrode-Mägdesprung die erste Schmalspurstrecke im Harz eröffnet. Sie gehörte zur Gernrode-Harzgeroder Eisenbahn AG (GHE). In den Folgejahren wurde die Strecke verlängert und das Streckennetz vergrößert. Zum Netz der GHE gehörten die Bahnlinien von Gernrode bis Harzgerode, Hasselfelde und Eisfelder Talmühle. Da die Bahnlinie auf einem langen Abschnitt dem Tal des Flüsschens Selke folgt entstand neben dem Beinamen "Anhaltische Harzbahn" der Beiname "Selketalbahn".

Im Jahr 1896 wurde die zweite Eisenbahngesellschaft im Handelsregister eingetragen, welche eine Schmalspurbahn durch den Harz errichten wollte. Am 22. Dezember 1898 eröffnete die Nordhausen-Wernigeroder Eisenbahn-Gesellschaft (NWE) den Sonderzugverkehr auf dem Streckenabschnitt Wernigerode-Brocken, der eigentlichen Brockenbahn. Die sogenannte Harzquerbahn von Wernigerode über Drei-Annen-Hohne nach Nordhausen nahm am 27. März 1899 den Dienst auf. Die GHE und die NWE wurden dann am 1. April 1949 der Deutschen Reichsbahn unterstellt.

Am 1. Februar 1993 übernahm das Unternehmen "Harzer Schmalspurbahnen GmbH (HSB)" von der Deutschen Reichsbahn die Fahrzeuge, Strecken und das Personal. Die Züge verkehren täglich nach Fahrplan. Es kommen dabei auch mehrere Dampflokomotiven zum Einsatz. Der Regionalverkehr zwischen Nordhausen und Ilfeld wurde hingegen auf Dieselbetrieb umgestellt. In Nordhausen wurde eine Verbindung mit dem Netz der dortigen Straßenbahn hergestellt.

Die bekannteste Strecke ist die Brockenbahn. Auf ihr fahren mehrmals täglich dampfbespannte Züge von Wernigerode über Drei Annen Hohne bis zum Brocken und zurück.

Am 18. April 2005 wurde mit den Arbeiten zur Verlängerung der Selketalbahn von Gernrode nach Quedlinburg begonnen und am 4. März 2006 fuhr der erste Schmalspurzug in den Bahnhof Quedlinburg ein. Seit dem 26. Juni 2006 gibt es planmäßigen Zugbetrieb der Harzer Schmalspurbahnen bis Quedlinburg mit mindestens zwei Dampfzugpaaren am Tag.

Übernachten

HOTEL GARNI VIER JAHRESZEITEN
Quellenweg 3 37 444 Sankt Andreasberg
☎ 0 55 82 521 Fax 0 55 82 578
info@vier-jahreszeiten-harz de
www.vier-jahreszeiten-harz.de
Das Haus liegt abseits vom Durchgangsverkehr und der ausgepowerte Motorradfahrer schläft hier wie ein Murmeltier. Für das Bike ist ebenfalls gesorgt, denn der Chef fährt selber und weiß was man braucht. So z.B. eine Garage und einen Trockenraum. Zudem ist er gerne mit Tourentipps behilflich. Die Zimmer sind gemütlich und verfügen über Dusche/WC, Kabel-TV, und Radio Das reichhaltige Frühstücksbuffet ist im Preis enthalten.

HOTEL "ALTES FORSTHAUS"
Harzburger Str. 7 38 700 Braunlage
☎ 0 55 20 94 40 Fax 0 55 20 94 41 00
rezeption@forsthaus-braunlage.de
www.fosthaus-braunlage.de
Das Hotel Altes Forsthaus Braunlage ist ein familien- und bikerfreundliches 3 Sterne Urlaubshotel im ältesten regionaltypischen Hochharzhaus von Braunlage. Lassen Sie sich verwöhnen mit raffiniert zubereiteten regionalen und saisonalen Gerichten aus deutscher Küche. Eine besondere Spezialität des Hauses sind Wildgerichte aus dem Harzer Forst.

HOTEL "ZUR KRONE"
Breite Straße 22 38899 Hasselfelde
☎ 0 39 459 73 980
Fax 0 39 459 73 98 55
hotel@krone-harz.de
www.hotel-krone-harz.de
Mitten im Harz werden Sie herzlich vom "Kroneteam" empfangen. Es bereitet Ihnen unvergessliche Tage in dem familiär geführten 35-Betten-Hotel. Der müde Biker kann hier auch die verschiedensten Wellnessangebote in Anspruch nehmen. Für Kurzweil sorgen eine Kegelbahn, Billard oder Dart und für das das leibliche Wohl ein gemütliches Restaurant sowie ein reichliches Frühstücksbuffet.

Übernachten

GÄSTEHAUS "ZUR ALTEN MÜHLE
Mühlental 76 38 855 Wernigerode
☎ 0 39 43 50 11 27 Fax 0 39 43 50 13 48
info@gaestehaus-mann.de
www.gaestehaus-mann.de
Die über 70 Zimmer sind alle mit Dusche, WC und TV ausgestattet. Die Familie Mann führt das Hotel sehr persönlich und empfängt die Biker mit aller Freundlichkeit. Im Gastraum kann man sich mit guter deutscher Küche oder Spezialitäten des Harzes verwöhnen lassen.

FERIENPARK BROCKENBLICK
Alte Wernigeröder Str. 1-2
38 879 Schierke / Oberharz
☎ 0 39 455 57 50 Fax 0 39 455 57 599
info@brockenblick-ferienpark.de
www.brockenblick-ferienpark.de
Der Ferienpark Brockenblick liegt am Ortsrand von Schierke. In vier Häusern finden Sie 43 Appartements und 4 Zimmer mit allem Komfort. DU/WC, Sat-TV, Radio, Telefon, Balkon oder Terrasse sind obligatorisch. Im Restaurant "Bodeterrassen" mit ländlicher und internationaler Küche, einer großen Außenterrasse und fantastischem Blick auf den Brocken, lässt es sich hervorragend speisen.

HOTEL RESTAURANT HARZER HOF
Harzstraße 79 37 412 Herzberg
☎ 0 55 21 99 47 00
Fax 0 55 21 99 47 40
info@hotel-harzerhof-herzberg.de
www.hotel-harzerhof-herzberg de
Aus einer ursprünglich landwirtschaftlichen Hofanlage entstand im Laufe der Zeit dieses schöne Hotel. Hier steht der Gast stets im Mittelpunkt. Die teilweise luxuriös ausgestatten Zimmer verführen zu einem längeren Aufenthalt ebenso wie das Restaurant. Hat man dann ausgiebig und gut gegessen, kann man in dem parkähnlichen Biergarten die Seele baumeln lassen, sich auf den nächsten Tag und vor allem auf das üppige Frühstück freuen.

Anschauen

GRENZLANDMUSEUM BAD SACHSA / TETTENBORN

An originalen Exponaten wird hier die Entwicklung der innerdeutschen Grenze im Südharz bis zur Wende 1989 gezeigt. Es gibt eine nahezu vollständige Sammlung aller Orden und Ehrenzeichen der ehemaligen DDR sowie den originalen Heißluftballon eines gescheiterten Fluchtversuchs.

37441 Bad Sachsa / Tettenborn
✉ info@gm-badsachsa.de
💻 www.gm-badsachsa.de
☎ 0 55 23 99 97 73 🖷 0 55 23 99 97
🕘 Sonntag: 10.00-12.00 Uhr
🕘 Mittwoch: 13.00-16.00
ⓘ Gruppen nach Absprache

EINHORNHÖHLE

Die Einhornhöhle ist die größte Schauhöhle des Westharzes. Sie liegt in der Nähe von Scharzfeld, einem Ortsteil von Herzberg. 1541 wurde sie zum ersten Mal erwähnt. 1686 besuchte Gottfried Wilhelm Leibniz die Höhle und schrieb einen Bericht über sie. Otto von Guericke rekonstruierte im 17. Jhd. aus dort gefundenen Knochen ein Einhorn mit einem Rad anstelle der Hinterläufe. Zu dieser Zeit wurde auch angebliches Horn des Fabeltiers als Medizin gehandelt. Anhand der Knochenfunde konnten über 70 Tierarten bestimmt werden.

GeoPark Infozentrum Einhornhöhle
OT Scharzfeld 37 412 Herzberg a.Harz
☎ 0 55 21 99 75 59

MUSEUM SCHLOSS HERZBERG

Das Welfenschloss Herzberg ist ein besonders beeindruckendes Baudenkmal. Der Schlossinnenhof mit seinen farbigen Zierschnitzereien ist sehenswert. Im Haupthaus befindet sich das Museum zur Welfengeschichte. Das wohl wichtigste Ausstellungsstück ist ein Faksimile des Evangeliars Heinrichs des Löwen.

Schloss 2 37 412 Herzberg a. Harz
☎ 0 55 21 47 99
✉ touristinfo@herzberg.de
💻 www.museum-schloss-herzberg.de
🕘 01. April-31. Okt: Di.-So.10-13 u.14-17 Uhr

Anschauen

SCHLOSS WERNIGERODE

Hoch über Wernigerode liegt das zinnen- und erkerbesetzte Schloss. Das Museum zeigt über 40 original eingerichtete Wohnräume des Hochadels vor 1900. Weitere Höhepunkte sind der Festsaal, die Schlosskirche und der Bergfried mit einem weiten Blick über den Harz. Einzigartig sind auch die rekonstruierten Terrassengärten vor dem Schloss.

Schloß 1 38 855 Wernigerode
☎ 0 39 43 55 30 30 🖷 0 39 43 55 30 55
✉ museumsleitung@schloss-wernigerode.de
💻 www.schloss-wernigerode

RÜBELÄNDER TROPFSTEINHÖHLEN

Die Tropfsteinhöhlen gehören zu den ältesten Schauhöhlen Deutschlands und stehen als Naturdenkmäler unter Schutz. Seit Jahrhunderten werden die Besucher der Baumanns- und Hermannshöhle durch ihre einzigartige Schönheit aus Stalagmiten und Stalagtiten verzaubert. Bereits 1866 wurde die Hermannshöhle bei Straßenbauarbeiten entdeckt und am 1. Mai 1890 als erste Höhle Deutschlands elektrisch beleuchtet. Vor allem die Kristallkammer zieht den Besucher in ihren Bann. In der Baumannshöhle mit ihren 300 Sitzplätzen finden Theateraufführungen und Konzerte statt.

Blankenburger Straße 35 38 889 Rübeland
☎ 0 39 454 49 132 🖷 0 39 454 53 475
✉ info@harzer-hoehlen.de
💻 www.harzer-hoehlen.de
🕘 Juli und August 9.00-17.30 Uhr

DIE RAPPBODETALSPERRE

Die Talsperre bildet das Kernstück eines ganzen Talsperrensystems im Ostharz. Sie ist mit einer Länge von 415 Metern und einer Höhe von 106 Metern die größte Talsperre in Deutschland. Der Besucher kann sogar das Mauerinnere der Talsperre Wendefurth mit entsprechenden Erläuterungen besichtigen.

38 889 Wendefurth
☎ 0 39 44 94 22 30 🖷 0 39 44 94 22 00
✉ stein@talsperren-lsa.de
💻 www.talsperren-lsa.de

3 Die Seentour

Kulinarisches

HOTEL GASTHOF "ZUR ERHOLUNG"

Erholen Sie sich in der "ERHOLUNG" bei Familie Winkel. Gastfreundschaft wird hier seit 3 Generationen groß geschrieben. Im Restaurant "Winkelstube" werden Sie mit feinen Speisen wie Harzer Wildbret, frischen Forellen und Filetplatten bestens bewirtet.

Lauterberger Straße 10 38 700 Braunlage
☎ 0 55 20 93 000 🖷 0 55 20 575
✉ hotel-erholung@harz.de
💻 www.hotel-erholung.harz.de

BERGHOTEL GLOCKENBERG

Nicht nur die Lage des Hotels sondern auch das Restaurant ist ausgezeichnet. Man wird hier stets herzlich willkommen geheißen und kann sich vom Service und der Küche auf das Beste verwöhnen lassen. In der reichhaltigen Speisen- und Getränkekarte stehen 120 verschiedene Gerichte zur Auswahl bereit. Hinzu kommt der einmalige Blick auf die Bergstadt St. Andreasberg und die Harzer Berge.

Am Glockenberg 18 37 444 Sankt Andreasberg
☎ 0 55 82 219 🖷 0 55 82 81 32
✉ hotelglockenberg@aol.com
💻 www.hotel-glockenberg.de

WELLNESSHOTEL "ZUR KRONE"

Genießen Sie die gemütliche Atmosphäre dieses Restaurants. Die rustikalen Harzer Spezialitäten oder die gehobene überregionale Küche, lassen einen anstrengenden Tag schnell vergessen. Dazu gepflegte Getränke im angrenzenden stilvollen Kaminzimmer - was will der Biker mehr?

Breite Straße 22 38 899 Hasselfelde
☎ 0 39 459 73 980 🖷 0 39 459 73 98 55
✉ hotel@krone-harz.de
💻 www.krone-harz.de

HOTEL & RESTAURANT "WEIßER HIRSCH"

Das Hotelrestaurant "Vis-à-vis" ist im klassisch-eleganten Stil gehalten und hält neben seiner gemütlichen Atmosphäre den Blick auf den historischen Marktplatz bereit, was die Gaumenfreude

noch erhöht. Das Restaurant der gehobenen Klasse bietet deutsche und internationale Gerichte. Ausgezeichneter Service gehört zur Selbstver-ständlichkeit. Die ruhige Atmosphäre lässt ein Abendessen oder gar ein Candlelight-Dinner zu einem Erlebnis werden.

Marktplatz 5 38 855 Wernigerode
☎ 0 39 43 60 20 20 🖷 0 39 43 63 31 39
✉ info@hotel-weisser-hirsch.de
💻 www.hotel-weisser-hirsch.de

BAVARIA ALM

Nicht von ungefähr wirbt das Restaurant und Ausflugsziel mit dem Slogan: "Der Gipfel der Gastlichkeit". Die gemütliche Almwirtschaft in bester alpenländischer Bautradition liegt in der höchstgelegenen Siedlung des Harzes. Der ganze Querschnitt durch die alpenländische Küche, angefangen von Schmankerln wie Weißwürsten über Schweinshaxn bis hin zu Germknödeln wird hier aufgefahren.

Torfhaus 38a 38 667 Torfhaus / Harz
☎ 0 53 20 33 10 34 🖷 0 53 20 33 10 35
✉ info@bavariaalm.de
💻 www.bavariaalm.de

SCHLOSSVILLA DERENBURG

Wer das Besondere liebt, darf den Gourmet-Abstecher von Wernigerode nach Derenburg nicht scheuen. In diesem Haus können Sie den Tag entspannt ausklingen lassen, indem Sie sich im Restaurant auf die Empfehlungen des Küchenchefs verlassen. Gewürzt mit Kreativität und Phantasie werden internationale Trends mit regionalen Einflüssen kombiniert und zu frisch zubereiteten Speisen vollendet. Auf der Terrasse genießt man Leckereien aus Pfanne, Ofen oder Weinfass. Und die Aussicht auf den wundervollen Park

Schloßstraße 15
38 895 Derenburg
☎ 03 94 53 67 80 🖷 03 94 53 6 78 50
✉ info@schlossvilla-derenburg.de
💻 www.schlossvilla.de

Fun

PULLMAN CITY HARZ
Im Ostharz am Rande der Stadt Hasselfelde befindet sich auf einem Areal von 100.000 qm die lebendige Westernstadt. Die Westernmetropole bietet ein stündlich wechselndes Showprogramm, das den Besucher in das Amerika des 19.Jhd. zurückversetzt. Saloons mit Lifebands der Countryszene, ein Goldwash Camp, Indianerzelte und vieles mehr machen den Aufenthalt kurzweilig und erlebnisreich. Zudem findet jährlich Anfang Mai die Bike-Week statt.
Am Rosentale 1 38 899Hasselfelde/Harz
☎ 0 39 459 73 10 Fax 0 39 459 73 110
www.westernstadt-im-harz.de
✉ info@ westernstadt-im-harz.de
15.März - 2.Nov.: tägl. 10.00-1.00 Uhr

BIKERTREFF RAPPBODETALSPERRE
Hat man die gigantische Staumauer überquert und den mit Radarfallen ausgestatteten Tunnel hinter sich, zeigt sich rechts ein gewaltiger Bikertreff mit allem Drum und Dran. Würstelbuden, Getränkestände und Bikes, Bikes, Bikes.

HARZER SCHMALSPURBAHNEN
Stellen Sie das Mopped ab und steigen Sie um auf das Dampfross. Die Fahrt hinauf zum Brocken, ob vom Bahnhof Drei Annen Hohne aus oder vom Haltepunkt Schierke, ist ein herrlicher Spaß. Auf kühn geführter Trasse überwindet das Dampfross einen Höhenunterschied von knapp 600m. Auf dem Gipfel angekommen können Sie dann vielleicht mit dem Brockenwirt Hexen jagen.
Friedrichstraße 151 38 855 Wernigerode
☎ 0 39 43 55 80 Fax 0 39 43 55 81
✉ info@hsb-wr.de www.hsb-wr.de

BIKERTREFF TORFHAUS
Auf 800m Höhe, in der höchstgelegenen Siedlung des Harzes hat sich ebenfalls ein riesiger Bikertreff etabliert. Rund um das Restaurant "Bavaria Alm" tummelt sich alles was Räder hat. Mit herrlichem Blick auf den Brocken kann man bei gutem Wetter auf der großen Außenterrasse Gleichgesinnte für Benzingespräche bis in die späte Nacht finden.

Gut zu wissen

VERKEHRSVEREIN HERZBERG e.V.
Marktplatz 30/32
37412 Herzberg am Harz
☎ 0 55 21 41 16 oder 17 17
Fax 0 55 21 99 86 42
www.vv-herzberg.de

WERNIGERODE TOURISMUS GmbH
Marktplatz 10
38 855 Wernigerode
☎ 0 39 43 55 37 835 u 0 39 43 19 433
Fax 0 39 43 55 37 899
✉ info@wernigerode-tourismus.de
www.wernigerode-tourismus.de

ALTENAU HARZ AKTIV e.V.
Hüttenstraße 9
38707 Altenau
☎ 0 53 28 98 18 30
Fax 0 53 28 98 18 31
✉ info@altenau-aktiv.de
www.altenau.de

Werkstatt

MOTORRADSALON DITTRICH
Siemensstraße 8
37 412 Herzberg am Harz
☎ 0 55 21 38 72
Fax 0 55 21 71 891
✉ info@motorradseppel.de
www.motorradseppel.de

BLOCK AM RING WERNIGERODE GmbH **BMW**
Waldhofstr. 19
38 855 Wernigerode
☎ 0 39 43 55 316
Fax 0 39 43 55 31 77
✉ info-wernigerode@blockamring.de

4 Zwischen Fulda, Wese

Von Altenau nach Kassel

er und Werra

Kein Radau am frühen Morgen

Unsere vierte Tour beginnt am frühen Morgen um 8:30 Uhr. Wir haben uns ein strammes Pensum vorgenommen. Es geht wieder hinauf nach Torfhaus, wo es heute Morgen deutlich ruhiger zu geht. Gemächlich, wegen der "Blitzer", zuckeln wir bergab nach Bad Harzburg. Vorher halten wir am Radaufall, einem künstlich angelegten sehr malerischen Wasserfall. Von Radau, wie es der Name glauben machen will, ist allerdings keine Spur. Es zischt höchstens. Der Name der Kaskade kommt nämlich vom gleichnamigen Flüsschen, und die Betonung liegt auf der ersten Silbe. Hierauf legt der Einheimische großen Wert. Bad Harzburg selbst gehört zu den acht Top-Heilbädern Niedersachsens. Eine abwechslungsreiche "Bummelmeile", ein Thermalsolebad, Spielcasino, Golfplatz, Reithalle oder das sehenswerte Cafe "Winowuk" lohnen durchaus einen längeren Aufenthalt. Doch nicht nur profane Genüsse bietet die Kurstadt, sondern auch eine grandiose Umgebung. Den besten Überblick erhält man in der Kabinenbahn, die einen in wenigen Minuten auf den "Großen Burgberg" bringt. Die Seilbahn nehmen wir allerdings nicht, sondern die Moppeds, denn unser nächstes Ziel ist ein weiterer Stausee, der Okerstausee. Wir erreichen ihn über den Ort Oker auf der B498 in südlicher Richtung. Die Streckenführung ist klasse. Viel Gekringel und wenig Verkehr. Ungefähr 2km vor Altenau biegen wir rechts ab und kommen in die Berg- u. Universitätsstadt Clausthal-Zellerfeld im Zentrum des Oberharzes. Bereits 1150 wurde hier Silber entdeckt und bis Anfang des 20. Jahrhun-

derts abgebaut. Hiervon zeugt noch das älteste eiserne Fördergerüst Deutschlands am Ottiliae-Schacht. Heute ist der Ort, der von rund 70 Teichen und Seen umgeben ist, durch Tourismus und Kurbetrieb geprägt. Bei einer Besichtigungstour sollte man Deutschlands größte Holzkirche, die Marktkirche zum Hl. Geist, die "Fratzenapotheke" aus dem Jahre 1674, den Kunsthandwerkerhof "Alte Münze" oder das Bergwerksmuseum nicht versäumen.

Weltkulturerbe Goslar

Auf unserer Schlangenlinie durch den Naturpark Harz lassen wir nun das charmante Städtchen hinter uns. Die B241, ein Teil der deutschen Fachwerkstraße nach Norden, bringt uns absoluten Fahrspaß und wir erreichen viel zu schnell die 1000-jährige Kaiserstadt Goslar. Nicht von ungefähr zählt das Weltkulturerbe zu den reizvollen Highlights unter den deutschen Fachwerkstädten. Da Goslar vom Krieg verschont blieb, sind ca. 800 Bauwerke aus dem 15. bis 18. Jhd. völlig

Quick Check

Start : Altenau
Ende : Kassel

Länge : ca. 300 km
Dauer : ca. 10 h

Biker friendly
Seit 500 J
Café mit ei

erhalten. Doch noch Älteres kann man bewundern. So zum Beispiel die Kaiserpfalz aus den Anfängen des 11. Jahrhunderts oder den Marktbrunnen, auf dem der vergoldete Reichsadler seit dem frühen 13. Jahrhundert thront. Eindrücke über Eindrücke. Um alles auf uns wirken zu lassen setzen wir uns in ein Cafe am herrlichen Marktplatz, dem Mittelpunkt der historischen Altstadt. Doch auch hier ziehen uns die alten Fachwerkhäuser in ihren Bann. Das Rathaus, das Hotel "Kaiserworth", ein Gildehaus der Kaufherren oder das "Kämmereigebäude". Eigentlich wäre ein längerer Aufenthalt in der sehenswerten Stadt ein absolutes Muss. Nicht so für uns, denn ein weiteres Weltkulturerbe wartet schon auf uns. Unter den vielen Besucherbergwerken im Harz gehört der Rammelsberg, nur wenige Kilometer von der Innenstadt entfernt, sicherlich zu den eindrucksvollsten. Das Bergwerk besitzt eine über tausendjährige Geschichte. Erst 1988 wurde es stillgelegt und zu einem Industriedenkmal erhoben. Unsere Fahrt geht allerdings nicht unter, sondern über Tage weiter. Bei Langelsheim setzen wir südlichen Kurs. Es geht den Innerste-Stausee entlang und über Lautental wieder nach Clausthal. Wie schon den ganzen Tag ist die Fahrerei hervorragend. Deswegen gibt es auch keinen langen Aufenthalt, sondern es geht gleich weiter auf der B241 hinunter nach Osterrode am Harz. Dies ist das Fachwerkstädtchen, in dem Tilmann Riemenschneider, der Meister der spätgothischen Schnitzkunst aufgewachsen ist. Auch Heinrich Heine hat hier im "Rinnschen Haus", einem Fachwerkbau von 1620, Quartier bezogen.

Wulffen, Lindau (nicht am Bodensee), Bilshausen, Bodensee (wieder nicht am Bodensee), Seeburgersee (ein echter See) und Esplingerode sind Orte, die uns nach Duderstadt im Eichsfeld führen. Dies ist eine weitere sehenswerte Fachwerkstadt auf unserer Reise. Prunkstück und Wahrzeichen unter den zahlreichen Gebäuden der 1000 Jahre alten Stadt sind das Renaissance-Rathaus und das Westerntor mit seinem "verdrehten" Dach. Die Form war keinesfalls gewollt, sondern Anfang des 15 Jhd. durch einen Konstruktionsfehler entstanden.

Zwischen Fulda, Weser und Werra

Nach etwa 20km auf nur leicht hügeligen und eintönig zu fahrenden Eichsfeldstraßen kommen wir über Nesselröden und Weißenborn in das Heilbad Heiligenstadt. Die historische Hauptstadt des Eichsfeld wird auch die Stadt der Dichter genannt. Theodor Storm wirkte hier um 1860 als Richter, und Heinrich Heine ließ sich in der Stadt taufen. Wer mehr über die Dichter des Ortes und ihrer Werke erfahren möchte, dem stehen die Türen des interessanten Literaturmuseums offen. Weiter geht unsere Reise durch die Wälder und die Auen dieser bezaubernden Landschaft. Zunächst südlich nach Kalteneber und Dieterode, danach östlich nach Mackenrode, Vatterode und Wahlhausen. Das liebliche Werratal ist erreicht. Rechtsseitig folgen wir dem Fluss und überqueren ihn in dem Dörfchen Lindewerra. Kurz hinter Oberrieden werden wir auf die Burg Ludwigstein gelockt. Burgen sind eigentlich immer gut, weil schon allein das Hinauffahren sehr viel Spaß bringt. Hier macht es besonders viel Laune. Steil geht es hinauf zu der fantastisch erhaltenen Burg, die in vielen Jahren von der deutschen Jugendbewegung liebevoll restauriert wurde. Der freundliche Burgchef übergibt uns an Uwe, den technischen Leiter und passionierten Enduristen, der uns die schönsten Plätze des Anwesens zeigt. Als freie Jugendherberge bietet die Burg neben Übernachtungs-

möglichkeiten auch Säle für Konferenzen oder Hochzeiten. Bei einer Stärkung im romantischen Burghof genießen wir das Panorama. So auch den Ausblick auf die gegenüberliegende Ruine Hanstein. Beeindruckt verlassen wir den herrlichen Ort und rollen wieder ins Tal, wo wir der Werra bis in die Dreiflüssestadt Hannoversch-Münden folgen. Fast vollständig von Wasser umgeben, ist die Stadt von Mai bis Oktober Schifffahrtsknotenpunkt. Raddampfer und Linienschiffe garantieren kurzweilige Ausflüge auf der Fulda oder der Weser. Doch die Stadt bietet noch vieles mehr. Befestigungsanlagen, Welfenschloss oder das Rathaus sind nur einige Zeugen einer Vergangenheit als reiche Handelsstadt. Kaum verwunderlich, dass der wohl berühmteste Wanderarzt der Barockzeit, Dr. Eisenbart hier ein gutes Auskommen hatte.

Gute 30 Kilometer trennen uns noch von unserem heutigen Tagesziel, der Dokumenta-Stadt Kassel. Doch erstmal cruisen wir auf der B3, einem Teil der deutschen Märchenstraße, das Fuldatal entlang. Ab Vellmar wird es eng und aus ist des Bikers Traum. Die Großstadt-Rushhour erfordert unsere volle Aufmerksamkeit. Eine Orientierung ist nur grob möglich, so folgen wir der Sonne westwärts. Nach einigen Mühen haben wir die Stadt durchquert, als es wieder bergauf geht und wir den ersten Hinweis auf das imposante Herkules-Denkmal entdecken. Ganz in der Nähe finden wir auch unser Hotel. Wolf-Dieter, Freund und Chef der "Neuen Drusel", begrüßt uns mit einem kühlen Pils im sonnigen Biergarten. Es ist gut, solche Freunde zu haben. Nach einer Dusche ist die Müdigkeit wie weggeblasen. Entspannt und seit Tagen das erste Mal in feiner Kluft geht's zum Essen, Trinken und Ratschen. Ein krönender Abschluss eines anstrengenden und erlebnisreichen Tages.

DAS OBERHARZER WASSERREGAL

Das Oberharzer Wasserregal ist ein in der Zeit von 1536 bis 1866 geschaffenes System, zur Umleitung und Speicherung von Wasser zur Versorgung von Wasserrädern in den Harzer Silberbergwerken. Es zählt zu den größten und bedeutendsten historischen Wasserwirtschaftssystemen der Welt. Die zur Erzeugung von Wasserkraft gebauten Anlagen stehen seit 1978 als Kulturdenkmal unter Denkmalschutz. Sie werden zu einem großen Teil weiterhin betrieben, wobei der Zweck überwiegend in der Landschaftspflege, im Naturschutz, Tourismus und im Badebetrieb besteht.

Bergbau und Wasser waren schon immer fest miteinander verbunden, und Wasser brauchte man als Energieträger um die Maschinen betreiben zu können. Maschinen in Form von Wasserrädern wurden bereits im mittelalterlichen Bergbau zu Förderung von Wasser und Erzen eingesetzt. Die ersten Wasserräder standen schon im 13. Jhd. im Pandelbachtal bei Seesen. So kann man das Wasserregal mit den Stromleitungen von heute vergleichen. Mussten in den Anfängen des Harzer Bergbaus, um die unteren Abbaue trocken zu halten, noch "Schöpfknaben" das Wasser in Ledereimern beseitigen, erkannte man schnell, dass diese Art der Trockenlegung nicht mehr ausreichen würde. Pumpen wurden installiert um das Wasser zu heben, denn der Energieträger der damaligen Zeit war eben Wasser. Wasser mit Wasser heben oder auch entfernen war der technische Leitspruch.

Das Wasserregal besteht aus einer Vielzahl von Stauseen und Gräben, die alle ähnlich konstruiert sind und die zur Sammlung, Umleitung und Speicherung des Oberflächenwassers dienen. Der größte Stausee ist der um 1720 angelegte Oderteich, der bis zum Ende des 19. Jahrhunderts die größte Talsperre in Mitteleuropa darstellte. Insgesamt konnte der Bau von 143 Stauteichen, 500km Gräben, 30km unterirdischen Wasserläufen und etwa 100km Wasserlösungsstollen dokumentiert werden. Diese waren jedoch in dieser Anzahl nie alle gleichzeitig in Betrieb. Heute werden seitens der Harzwasserwerke noch 65 Stauteiche, 70km Gräben und 20km Wasserläufe betrieben und instand gehalten. Einige weitere Stauteiche in eher kleinerer Ausführung befinden sich noch in der Obhut der Niedersächsischen Landesforste oder auch im Privatbesitz.

Etwa 80-90% der Wasserbauwerke des Oberharzer Wasserregals entstanden im 16. bis 17. Jahrhundert. Sie trugen erheblich dazu bei, dass der Harz in der frühen Neuzeit zum größten Industriegebiet Deutschlands werden konnte. Das ständig verbesserte Wasserregal wurde auch nach Erfindung der Dampfmaschine weiter genutzt und noch bis zum Jahr 1866 ausgebaut.

Übernachten

HOTEL-PENSION BERLINER BÄR
Am Kurpark 2a
38 667 Bad Harzburg
☎ 0 53 22 24 17
✉ marlieskonzack@aol.com
www.hotel-berlinerbär-badharzburg.de

Das kleine, gemütliche Haus liegt im Herzen von Bad Harzburg in einer herrlichen Lage am Fuße der Berge, direkt gegenüber vom Kurhaus. In der Nähe befinden sich die Bad Harzburger Soletherme, der Kurpark, und die Bummelallee. Die 14 geschmackvoll eigerichteten Zimmer sind alle mit TV, Dusche und WC ausgestattet und die Inhaberin Marlies Konzack bemüht sich sehr liebevoll um das Wohl ihrer Gäste.

SPORTHOTEL SCHULENBERG
Unter den Birken 6
38 707 Schulenberg
☎ 0 53 29 69 90
Fax 0 53 29 69 999
✉ info@sporthotel-schulenberg.de
www.sporthotel-schulenberg.

Der Biker wird hier nicht nur als Gast gern gesehen, sondern auch als Freund des Hauses behandelt. Die familiäre Behaglichkeit verspricht einen angenehmen Aufenthalt. Für Motorradfahrer werden Tourenvorschläge angeboten und sogar "Navis" zur Verfügung gestellt.

HOTEL DER ACHTERMANN
Rosentorstraße 20
38 640 Goslar
☎ 0 53 21 70 000 Fax 0 53 21 70 00 999
✉ info@der-achtermann.de
www.der-achtermann.de

Das 4-Sterne-Hotel ist ein Wellnesshotel mit komfortablen Zimmern, Suiten, Parkplatz direkt am Hotel, Sauna und Schwimmbad. Es liegt direkt in der Innenstadt Goslars an der Fußgängerzone der historischen Altstadt. Sie sind Gast in einem der 152 Zimmer mit allem Komfort: Bad/Dusche und WC, Minibar, Radio, ISDN-Telefon, W-LAN, Kabelfernsehen, PAY-TV, teilweise mit Balkon.

Übernachten

HOTEL HARZER HOF
Bahnhofstraße 26
37 520 Osterode am Harz
☎ 0 55 22 50 550 Fax 0 55 22 50 55 50
✉ info@hotel-harzer-hof.de
www.hotel-harzer-hof.de

Das Haus liegt direkt im Zentrum der Stadt Osterode am Harz an der Sösepromenade. Die 28 Zimmer bieten 3-Sterne Komfort. Da Hotelchef Stephan selbst passionierter Biker ist, wird für die fahrenden Kollegen bestens gesorgt. Tiefgarage, Werkzeug, Tankstelle am Haus, - alles ist vorhanden. Bei soviel Bikerhotel erübrigt sich die Erwähnung der hervorragenden Küche.

HOTEL GARNI "ZUR FULDA"
Ziegelstraße 62
34 346 Hannoversch Münden
☎ 0 55 41 95 430 Fax 0 55 41 95 43 27
✉ gronemann@aol.com
www.hotel-zur-fulda.de

Ein freundliches Hotel in einer ruhigen Seitenstraße direkt in der historischen Altstadt gelegen. Alle Zimmer sind komfortabel ausgestattet und verfügen über Dusche und WC. Für Biker sind Park-und Unterstellmöglichkeiten im Hof vorhanden und zu den Sehenswürdigkeiten der Stadt ist es nur ein Katzensprung.

HOTEL NEUE DRUSEL
Im Druseltal 42
34131 Kassel - Bad Wilhelmshöhe
☎ 05 61 30 800
Fax 05 61 30 80 299
✉ info@hotel-neuedrusel.de
www.hotel-neuedrusel.de

Das familiär geführte Hotel liegt direkt am Hochwald in Europas größtem und schönsten Bergpark Wilhelmshöhe in ruhiger aber dennoch verkehrsgünstiger Lage. Die gemütlich eingerichteten Zimmer sind ausgestattet mit Dusche, WC, Telefon, Kabel-TV. Das angeschlossene Restaurant mit großem Biergarten sorgt zusätzlich für einen angenehmen Aufenthalt.

Anschauen

KRÄUTERPARK ALTENAU

Ein lohnendes Ziel nicht nur für Kräuterhexen sondern auch für Gewürzliebhaber. Auf leicht begehbaren Wegen kann man die Welt der heimischen und exotischen Kräuter und Gewürze erkunden. In der Gewürzgalerie gibt es über 500 selbst hergestellte Mischungen aus aller Welt. Also auf nach Altenau, wo der Pfeffer wächst.

Schultal 11 38 707 Altenau
☎ 0 53 28 91 16 84 Fax 0 53 28 91 16 85
✉ info@kraeuterpark-altenau.de
www.kraeuterpark-altenau.de
tägl. 10.00-18.00 Uhr

STABKIRCHE HAHNENKLEE

Die Gustav-Adolf-Stabkirche wurde nach dem Vorbild norwegischer Stabkirchen - ganz aus Holz - 1907/1908 von Prof. Karl Mohrmann erbaut. Sie ist in Ihrer Art einmalig und weit über Deutschland hinaus bekannt. Neben ihrem imposanten Erscheinungsbild beeindruckt sie durch den prächtigen Innenraum, eine hervorragende Orgel und das vier Oktaven umfassende Carillon (ein mechanisch spielbares Glockenspiel).

Professor-Mohrmann-Weg 1 38 644 Hahnenklee
☎ 0 53 25 23 78
✉ KG.Hahnenklee@evlka.de
Mai bis Oktober: 10.30-17.00 Uhr

GOSLAR

Eine Tour durch den Harz ist ohne den Besuch der UNESCO Weltkulturerbestadt eigentlich nicht denkbar. Das besondere mittelalterliche Flair ist einzigartig. Die bezaubernde Altstadt ist eine einzige Sehenswürdigkeit. Besonders erwähnenswert ist die monumentale Kaiserpfalz, die zwischen 1040 und 1050 unter Heinrich III errichtet wurde. Doch auch das Rathaus am Markt mit dem alten Brunnen oder das Gildehaus "Kaiserworth" sollte man sich nicht entgehen lassen. Ob es nun das Stammhaus der Industriellenfamilie Siemens aus dem Jahre 1693 ist, oder das "Breite Tor", an allen Ecken und Enden der Stadt kann man Historie erleben.

Anschauen

WELTKULTURERBE RAMMELSBERG

Hier erfährt man alles über den Bergbau der hier über tausend Jahre betrieben wurde. Funde weisen darauf hin, dass hier schon seit 3000 Jahren Erz gewonnen wurde. Das Museum des ehemaligen Erzbergwerkes zählt zu den größten Einrichtungen Norddeutschlands. Im Roeder-Stollen geht man vorbei an gewaltigen Wasserrädern, den vorindustriellen Antriebsmotoren für Wasserpumpen und Erzförderung. Für Interessierte ist der Besuch dieses Weltkulturerbes ein absolutes Highlight.

Bergtal 19 38 640 Goslar
☎ 0 53 21 75 00 Fax 0 53 21 75 013
✉ info@rammelsberg.de
www.rammelsberg.de

BURG LUDWIGSTEIN

Hoch über dem Werratal bei Witzenhausen erhebt sich die Wappenburg des Dreiländerecks Hessen, Thüringen und Niedersachsen. Die prächtig renovierte Anlage verfügt über 175 Betten, stilvolle Tagungsräume und drei Säle. Das kleine Burgmuseum gibt einen Überblick über das Archiv der deutschen Jugendbewegung und ist von nationaler Bedeutung. Auf der herrlichen Burgterrasse bietet sich ein leckerer Imbiss an.

Burg Ludwigstein 37214 Witzenhausen
☎ 0 55 42 50 17 20 Fax 0 55 42 50 17 23
✉ archiv@burgludwigstein.de
www.burgludwigstein.de

DREI-FLÜSSE-STADT HANNOVERSCH MÜNDEN

Wo Werra und Fulda sich zur Weser vereinen, inmitten der Waldgebirge des Reinhards-, Bram- und Kaufunger Walds liegt Hannoversch Münden, die Fachwerkstadt von europäischem Rang. Wie kaum eine andere Stadt ist Hannoversch Münden durch seine Lage an den drei Flüssen und den rund 700 Fachwerkhäusern aller Stilepochen aus sechs Jahrhunderten geprägt. Wehrtürme, Reste der Stadtmauer, Welfenschloss, alte Werrabrücke und das reich verzierte Rathaus sind Spiegelbild einer Vergangenheit als reiche Handelsstadt am Wasser.

Kulinarisches

WINDBEUTELPALAST

Hier sind sogar Naschkatzen unter den Bikern völlig überfordert. Mehr als 30 verschiedene Windbeutel stehen zur Auswahl. Für das Erlebnis des Windbeutel-Klassikers als auch für Neuigkeiten aus dem "Windbeutellabor" sind Sie hier genau richtig.

Unter den Birken 6 38 707 Schulenberg
☎ 0 53 29 69 96 🖷 0 53 29 69 999
✉ info@windbeutelpalast.de
💻 www.windbeutelpalast.de

"ALTDEUTSCHE STUBEN"

Im Hotel "Der Achtermann" in der imposanten Burganlage findet man diesen Feinschmeckertempel der Extraklasse. Es ist fast ein "Muss" für jeden Besucher der UNESCO Stadt Goslar, sich hier einmal kulinarisch verwöhnen zu lassen. Die über 100 jährige Tradition bürgt für höchsten Genuss in historischem Ambiente.

Rosentorstraße 20 38 640 Goslar
☎ 0 53 21 70 000 🖷 0 53 21 70 00 999
✉ info@der-achtermann.de
💻 www.der-achtermann.de
🕘 Mo.-Fr. ab 18.00 Uhr
🕘 Sa. u. So. 12.00-15.00 Uhr u. ab 18.00 Uhr

ALTES WIRTSHAUS KLAUSENHOF

Einige Kilometer von Heiligenstadt liegt das uralte Wirtshaus mit Rittersaal, mittelalterlicher Schänke mit Steinbackofen, Brunnen, Badestube und historischer Herberge. Es bewirtete schon vor Jahrhunderten die Reisenden. Die gemütlichen Gaststuben, der Rittersaal mit Kamin und die mittelalterliche Schänke vermitteln eine besondere Atmosphäre der Behaglichkeit. Eine Attraktion ist die "Ritterliche Tafeley". Hier wird aufgefahren, dass sich die Tische biegen. Eine Andere ist das "Eichsfelder Schlachtefest". Auch hier wird darauf geachtet, dass im Magen kein Plätzchen frei bleibt.

Unterm Hanstein
37 318 Bornhagen/ Eichsfeld
☎ 0 3 60 81 61 422 🖷 0 3 60 81 67 721
✉ info@klausenhof.de
💻 www.klausenhof.de

Kulinarisches

RESTAURANT "GRAF ISANG"

Das Haus besticht nicht nur durch die wunderschöne Lage am Ufer des Seeburger Sees sondern auch durch die hervorragende Küche. Das traditionelle Haus steht seit 1925 an diesem außergewöhnlichen Ort und wurde 2004 von Grund auf renoviert. Allein der herrliche Biergarten ist schon einen Besuch wert.

Seestraße 37 37 136 Seeburg
☎ 0 55 07 91 98 80
✉ info@grafisang.de
💻 www.grafisang.de
🕘 Di.-Sa. 11.30-23.00 Uhr, So. 9.00-23.30 Uhr

RATSBRAUHAUS HANN. MÜNDEN

Die Auswahl reicht vom brauhaustypischen Klassiker, wie Hax'n und Krustenbraten, bis hin zum Gemüsestand. In der Braterei werden Fleischspezialitäten und Fisch vor Ihren Augen frisch gegrillt. Hausgebackenes Brot und Fladen runden das Ganze ab. Vorweg oder für den kleinen Hunger gibt es Klassisches, Deftiges und Leckeres aus Oma's Suppenküche. Anschließend eine kleine Sünde aus der Süßen Ecke.

Marktplatz 3 34 346 Hann. Münden
☎ 0 55 41 95 71 07
✉ ratsbrauhaus@web.de
💻 www.ratsbrauhaus.de
🕘 Mo - So von 11.00 - 14.00 Uhr u. 17.00 - 22.00 Uhr

LANDGASTHAUS "ZUM BRAUNEN HIRSCH"

Ein gemütlicher Gasthof wie er sich gehört. In den geschmackvoll eingerichteten Gasträumen wird gehobene regionale Küche mit saisonalen Gerichten angeboten. "Eigene Wurstherstellung" oder selbstgemachte Kuchen lassen jeden hungrigen Biker aufhorchen. Zumal er in diesem Hause besonders willkommen ist. Man spürt eben die 180-jährige Gasthaustradition der Familie Roß.

Laubacher Str. 39
34 346 Hann. Münden / OT Laubach
☎ 0 55 41 32 904 🖷 0 55 41 34 647
✉ Zum.braunen.hirsch@t-online
💻 www.zum-braunen-hirsch.com

Fun

SPIELBANK BAD HARZBURG
Vielleicht sollte man einmal die kleine weiße Kugel im Rouletterad rollen lassen. Doch auch die weltbekannten "Klassiker" wie Black Jack, oder Poker werden hier gespielt. Glücksspielautomaten stehen ebenfalls in großer Zahl zur Verfügung, so dass jeder das Glück nach seinem Geschmack herausfordern kann.
Herzog - Julius - Straße 64b
38667 Bad Harzburg
☎ 0 53 22 96 010
✉ info@spielbank-bad-harzburg.de
💻 www.spielbanken-niedersachsen.de

OKERSEE-SCHIFFFAHRT
Eine Seereise über den höchstgelegenen Stausee im Norden sollte man sich nicht entgehen lassen. Vorbeischippernd an dichten Bergwäldern, bizarren Felsschluchten und rauschenden Wasserfällen erholt man sich auf der MS "Aquamarin", der Oberharzer Gebirgsmarine. Die freundlichen Stewardessen betreuen den Reisenden aufs Beste und Kapitän Römermann sorgt für ruhige Fahrt.
Unter den Birken 6
38707 Schulenberg
☎ 0 53 29 8 11 🖷 0 53 29 69 00 05
✉ info@okersee.de
💻 www.okersee.de

GOLFEN IM HARZ
Das Sporthotel Schulenberg bietet in Zusammenarbeit mit dem Golf-Club-Harz Greenfee-Ermäßigungen auf den drei Golfplätzen in der Harzregion an. Die Urlaubspauschale "Golf VIP Treatment" ist das ideale Angebot für Golfer, die den Harz kennenlernen und zudem auf einem der schönsten Plätze im Harz ein paar Abschläge machen wollen.
Unter den Birken 6
38707 Schulenberg
☎ 0 53 29 69 90
🖷 0 53 29 69 999
✉ info@sporthotel-schulenberg.de
💻 www.sporthotel-schulenberg

Gut zu wissen

BERGSTADT CLAUSTHAL-ZELLERFELD
An der Marktkirche 8
38 678 Clausthal-Zellerfeld
☎ 0 53 23 93 10
✉ info@samtgemeinde-oberharz.de
💻 www.clausthal-zellerfeld.de

GOSLAR MARKETING GmbH
Markt 7 38 640 Goslar
☎ 0 53 21 78 060 🖷 0 53 21 78 06 44
✉ marketing@goslar.de 💻 www.goslar.de

TOURIST-INFORMATION HANN. MÜNDEN
Rathaus / Lotzestraße 2
34 346 Hann. Münden
☎ 0 55 41 75 313 od. 75 343 🖷 0 55 41 75 404
✉ Tourist-Info@hann.muenden.de
💻 www.hann.muenden.de

Werkstatt

AUTOHAUS BLOCK AM RING **BMW**
Hildesheimer Str. 38 38 644 Goslar
☎ 0 53 21 37 420 🖷 0 53 21 37 42 25
✉ block.goslar@blockamring
💻 www.ah-block.bmw.de

AUTOCENTER LEINEFELDE GmbH
Kunertstr. 2, Gewerbegebiet Ost
37 327 Leinefelde
☎ 0 36 05 51 909 🖷 0 36 05 51 90 92
✉ news@autocenter-leinefelde.de
💻 www.autocenter-leinefelde.de

MHMOTORS
Mönchswiese 16
34 233 Fuldatal - Ihringshausen
☎ 0 56 18 16 93 99 🖷 0 56 18 16 93 98

Von Kassel nach Korbach
Märchenstraße

KG
LF 7

Erste Kunstadresse Europas

Früh rasselt der Wecker. Ein wenig geschwächt vom Vorabend sitzen wir mundfaul beim Frühstück, beginnen dann aber nach einigen Tassen Kaffee doch, unseren Gastgeber über die Stadt auszufragen. Sehenswürdigkeiten und so weiter; wollen wir doch vermeiden, durch den morgendlichen Großstadtverkehr zu gurken. So erfahren wir, dass Kassel zu den ersten Kunstadressen Europas gehört. Weitere Attraktionen sind die Herkules-Statue im Bergpark Wilhelmshöhe, in dem auch das gleichnamige Schloss sowie die Löwenburg liegen. Zu Füßen der Stadt finden sich die barocke Parkanlage "Karlsaue" und das Orangerieschloss - ungezählte Kulturdenkmäler gibt es zu bestaunen. Kassel bietet aber nicht nur Kunst; das Leben pulsiert auch auf einer "gut ausgeleuchteten" Nachtpiste. Elegante Einkaufsgalerien, das Staatstheater, das "Starclub-Varieté" sowie eine herrliche Kneipenlandschaft rund um den Königsplatz lassen die Nacht zum Tag werden. Berühmt ist die "Hauptstadt der Märchenstraße" vor allem durch ihre wohl bekanntesten Söhne, die Brüder Jakob und Wilhelm Grimm, die in der näheren und weiteren Umgebung ihre Märchen sammelten und erstmals in Kassel veröffentlicht haben.

Auf den Spuren der Geschichte

Ein wenig wollen wir den Spuren der Brüder folgen und so heißt es Abschied nehmen, aufsitzen und ab die Post: das Druseltal hinauf bis in das Örtchen Habichtswald im herr-

lichen Naturpark Habichtswald. Von hier aus stracks nach Süden. Eine traumhafte Strecke in jeder Hinsicht. Über Breiten- und Niedenstein passieren wir Baunatal, bekannt durch einen Ableger des VW-Konzerns. Ab hier wird die Fahrerei mühselig: viel Betrieb, Ampeln und Verkehrskreisel. Kein Wunder, denn das Umland von Kassel ist durch Industrie geprägt. So sind wir froh, bei Guxhagen wieder ruhigeres Fahrwasser zu erreichen. Die Fulda entlang sind wir schnell im romantischen Melsungen und lassen es uns nicht nehmen, auf dem urgemütlichen Marktplatz vor dem historischen Fachwerkrathaus eine Pause einzulegen.

Tour 5

Quick Check

Start : Kassel
Ende : Korbach

Länge : ca. 200 km
Dauer : ca. 6 h

Neugierig auf unsere nächsten Ziele starten wir wieder die Bikes. Den Berg hinauf, unter der A7 hindurch. Gensungen, Altenburg und Wabern fliegen vorbei. Einige Kilometer durch das an dieser Stelle weite Edertal, und schon erkennen wir aus der Ferne ragend die alte Dom- und Kaiserstadt Fritzlar im kurhessischen Bergland, während wir immer weiter an der deutschen Märchenstraße entlang fahren. Die Gründung der 1300 Jahre alten

Stadt geht zurück auf das Werk des heiligen Bonifatius, den "Apostel der Deutschen", der hier im Jahre 723 das Heiligtum der Chatten, die Donareiche gefällt haben soll. Viele Zeugnisse des Mittelalters sind zu entdecken und die Spuren deutscher Kaiser und Könige allgegenwärtig. Ein Bummel durch die malerischen Gassen und ein Päuschen auf dem lebhaften Marktplatz lohnen sich allemal.

Schneewittchen und der Bikertreff

Für uns ist Motorrad fahren aber wichtiger. Bei Wellen überqueren wir die Eder und machen uns auf, das Wildunger Bergland zu erkunden. Zuerst Bad Wildungen, die elegante nordhessische Kurmetropole mit dem Barockschloss Friedrichstein, hoch über der Altstadt. Wenzigerode und Berigerode sind Stationen auf dem Weg nach Bad Zwesten. Hier heißt es aufgepasst! Erstmal Richtung Jesberg und nach zwei Kilometern rechts abbiegen auf die B485 Richtung Braunau, einem Dörfchen im Naturpark Kellerwald-Edersee. Hier biegen wir links ab und kommen zu einem beliebten Bikertreff in Bergfreiheit an der Urff, wo wir Schneewittchen und den sieben Zwergen begegnen. Eine kurze Begrüßung, und schon gibt es wieder griffigen Asphalt, gut einsehbare Kurven und wunderschöne Natur. In Hunsdorf, Hüddin-

gen, Gellershausen, Griffitz und Mehlen lassen wir uns nicht aufhalten. Nur der Affolderner See bremst unseren "Run" zwecks der Orientierung. Der Edersee ist nun nicht mehr weit. In Hemfurth verfahren wir uns aber trotzdem und kommen zur Südseite des 27 Kilometer langen Stausees, der weniger als halb voll ist und uns daher nicht ganz den erwarteten ersten Anblick bietet. Dennoch fahren wir weiter und lernen auf einem Grillplatz kurz vor Bringhausen ein Ehepaar kennen, das in der Gegend aufgewachsen ist, inzwischen aber in Griechenland lebt. Die beiden haben viel Interessantes zu erzählen.

Auf Grund des Niedrigwassers bestaunen wir ehrfürchtig das Gräberfeld von Altbringhausen, welches jetzt völlig auf dem Trocknen liegt. Auch die alte Ederbrücke vor der Halbinsel Scheid ist deutlich zu erkennen. Da wir den See an der Südseite nicht umfahren können, geht es zurück nach Hemfurth. Biker und Treffs gibt es rund um den See allerorten. Ein Besuch des angesagtesten Treffs "Zündstoff" sollte man auf keinen Fall verpassen. Wir haben den Eindruck, dass sich alles, was in Norddeutschland zwei Räder und einen Motor hat, in diesem Dorf unterhalb der Staumauer einfindet. Hier erfahren wir auch von dem berühmten "Edersee-Meeting", einem jährlich Ende Juni stattfindenden Harley-Treffen. Aber jetzt geht

uvex

es hinauf zur Staumauer. Das riesige Bauwerk wurde 1914 nach sechsjähriger Bauzeit fertiggestellt. Der 248 Meter hohe und 400 Meter lange Staudamm raubt einem schier den Atem, dazu der See inmitten dichter Wälder, sowie im Hintergrund das alles überragende Schloss Waldeck - ein gigantischer Anblick. Bevor wir diesen jedoch aus der Vogelperspektive genießen können, müssen wir noch auf der nördlichen Uferstraße bis Vöhl, im Ort dann links abbiegen und weiter nach Asel fahren. Hier finden wir die trockengefallene Ederbrücke von Alt-Asel. Ganze Völkerscharen nutzen das Niedrigwasser um über die 60 Meter lange Brücke nach Asel-Süd zu wandern. Für uns geht es aber zurück nach Waldeck, hoch über dem Edersee. In der vollständig erhaltenen trutzigen Burganlage finden wir neben einem Nobelhotel und einem Museum auch ein Restaurant. Hier eröffnet sich nun der erwünschte Ausblick auf den See: von der Staumauer bis hinüber in den Kellerwald, schöner könnte es nicht sein. Nach kurzer Rast entschließen wir uns, nicht in Waldeck sondern in Korbach, Hessens einziger Hansestadt, zu übernachten. Die 20 Kilometer sind schnell geschafft. Netze, Sachsenhausen, Meineringhausen und schon stehen wir mitten in der Korbacher Altstadt. Mächtige Kirchen, mittelalterliche Befestigungsanlagen, steinerne Lagerhäuser und das Rathaus mit dem Roland zeugen von Tradition und Reichtum. Dieser kam unter anderem vom Eisenberg, Deutschlands größter Goldlagerstätte, wo schon ab dem 11. Jahrhundert Tagebau betrieben wurde. In der früheren Bergbausiedlung Goldhausen zeigt ein Besucherbergwerk alles Wissenswerte. Doch wir wollen erst einmal wissen, wo unser Bett für diese Nacht stehen mag. Wir finden es mitten im Herzen der schönen Altstadt.

GOLDBERGBAU AM EISENBERG

Der Eisenberg bei Korbach ist Deutschlands größte Goldlagerstätte. Schon der römische Geschichtsschreiber Tacitus erwähnt in seinen "Analae Germania" einen goldführenden Fluss, den die hier wohnenden Menschen "Aedra" nannten - die heutige Eder. Wenn die Eder über die Ufer trat, dann blieben vielleicht glänzende Goldflitterchen im Gras zurück. So machten sich die Bewohner im Laufe der Jahrhunderte auf die Suche, woher das Gold kommt. Sie stießen auf den Eisenberg als vermutliche Mutterlagerstätte. Schon im 11. und 12. Jahrhundert gab es dort umfassenden Tagebau, dessen Spuren noch heute in der Landschaft zu sehen sind. Um 1200 stießen die Goldgräber in die Tiefe vor und durchlöcherten den Eisenberg in den folgenden 400 Jahren wie einen Schweizer Käse. Rund 20 Kilometer Stollen finden sich auf engstem Raum.

Schließlich rühmte auch der große deutsche Philosoph und Naturforscher Albertus Magnus das Gold vom Eisenberg. Dies ist zugleich die älteste Erwähnung des Eisenberger Goldes: "Das Gold jedoch, das in unseren Zeiten in reichlicherem Maße gefunden wird, kommt aus dem Königreich Böhmen, und neuerdings wird in Teilen des teutonischen Westfalens, in einem Orte, der Curbeth genannt wird, in einem gewissen Berge Gold gefunden ..." schrieb Albertus Magnus 1254 in seinem Werk "De Mineralibus".

Zentimeterweise trieben sich die Bergleute in Mittelalter und früher Neuzeit in den Fels, um das erzhaltige Gestein zu bergen und daraus das Gold zu gewinnen. Die Blütezeit lag im 16. Jahrhundert. Zu Beginn des Dreißigjährigen Krieges aber schlief der Bergbau ein. Insgesamt rund 1,2 Tonnen reines Gold förderten die Bergleute über die Jahrhunderte. Auch heute noch steckt über eine Tonne Gold im Eisenberg, doch wirtschaftlich lässt sich das edle Metall nicht mehr gewinnen.

Im 20. Jahrhundert entfachte Carl Theodor Rauschenbusch einen neuen Goldrausch am Eisenberg, der in ganz Deutschland für Schlagzeilen sorgte. 1917 ging Rauschenbusch ans Werk, entdeckte alte Stollen und erschloss bis in die 1930er Jahre neue Gruben. Doch auch seine Hoffnungen wurden enttäuscht.

Von 1974 bis in die 1990er Jahre war es dann der Geologe Dr. Jens Kulick, der die Zeugnisse des Goldbergbaus dokumentierte. Kurz vor seinem Tode ließ Kulick den Eisenberg als herausragendes mittelalterliches Industriedenkmal durch das Land Hessen schützen.

Schnell reiften danach die Pläne, einen Teil des Goldbergbaus auch für Besucher zu erschließen. Mit Hilfe erfahrener Bergleute und Wissenschaftler hat der 2002 gegründete Verein "Historischer Goldbergbau Eisenberg" dies 2003/2004 verwirklicht. Gold indes gibt es nicht nur im Eisenberg. In bestimmten geologischen Zonen "wächst" das Edelmetall immer wieder neu und ist - als mikroskopisch kleine Teilchen - in vielen Bächen und Flüssen des Waldecker Landes zu finden.

Übernachten

WALDHOTEL ELFBUCHEN
Elfbuchenturm
34 131 Kassel
☎ 05 61 96 97 60 — Fax 0 5 61 96 97 633
✉ info@waldhotel-elfbuchen.de
www.waldhotel-elfbuchen.de
Mitten im Grünen, in 536 Metern Höhe, aber dennoch stadtnah gelegen, trifft man auf eine Oase der Ruhe in der sich jeder schnell zu Hause fühlt. Herzliche Gastfreundschaft hat seit 1879 Tradition im Waldhotel Elfbuchen. Die gemütlichen Gasträume, die Sonnenterrasse, und die komfortablen Gästezimmer lassen kaum Wünsche offen. Leckere Gerichte runden den Service ab.

HOTEL DEUTSCHER HOF
Lutherstraße 3 — 534 117 Kassel
☎ 05 61 91 800 — Fax 05 61 77 66 66
✉ info@deutscher-hof.de
www.deutscher-hof.de
Erleben Sie ein in guter Familientradition geführtes Hotel direkt im Herzen Kassels. Das Haus ist ein idealer Ausgangspunkt für unternehmungslustige Besucher der Stadt. Die 49 Zimmer sind mit allem Komfort ausgestattet. Nach dem reichhaltigen Frühstücksbuffet kann man direkt auf Entdeckungstour gehen, denn viele Ziele sind aufgrund der zentralen Lage bequem zu Fuß zu erreichen.

HOTEL HESSISCHER HOF
Rotenburger Straße 2 — 234 204 Melsungen
☎ 0 56 61 92 99 30 — Fax 0 56 61 92 99 390
✉ info@hessischer-hof-melsungen.de
www.hessischer-hof-melsungen.de
Das Haus ist ein seit 100 Jahren familiengeführtes Stadthotel in ruhiger Atmosphäre. Durch die zentrale Lage können Sie die historischen Sehenswürdigkeiten der alten Fachwerkstadt Melsungen bequem zu Fuß erreichen. Alle Zimmer sind mit Dusche, WC, Kabelfernsehen und Telefon ausgestattet. Ein weiterer Service ist der kostenlose Internetzugang. Das Frühstücksbuffet ist ausgezeichnet und im Restaurant bekommt der Hotelgast Sonderpreise.

Übernachten

HOTEL RESTAURANT DOMGARTEN
Neustädter Straße 9
34 560 Fritzlar
☎ 0 56 22 91 760
Fax 0 56 22 91 76-9
✉ info@hotel-domgarten.de
www.hotel-domgarten.de
Umgeben von Fachwerkhäusern genießen Sie auf der Sonnenterrasse, im gemütlichen Biergarten oder im mediterran eingerichteten Restaurant regionale und internationale Gerichte. Die komfortablen Zimmer sind alle mit Kabelfernsehen, Telefon und Internet ausgestattet. Bad oder Dusche sind Standard und Parkplätze stehen kostenlos am Haus zur Verfügung.

TERRASSENHOTEL EDERSEE
Randstraße 4
34 549 Hemfurth-Edersee im Edertal
☎ 0 56 23 94 790
Fax 0 56 23 94 79 75
✉ info@terrassenhotel-edersee.de
www.terrassenhotel-edersee.de
Einzigartig gelegen am Ufer des Edersees, direkt am Fuße des Waldecker Berglandes, bietet das Terrassenhotel eine unvergleichliche Aussicht auf die Weiten des Sees und seine Staumauer. Lassen Sie sich durch Komfort und bestem Service verwöhnen.

"HEUHOTEL" HÖHLE
Bringhäuser Straße 2
34 549 Hemfurth-Edersee im Edertal
☎ 0 56 23 48 62
Fax 0 56 23 93 00 13
✉ info@heuhotel-edersee.de
www.heuhotel-edersee.de
Hier kann der Biker Landleben genießen und abends am Lagerfeuer den erlebnisreichen Tag gemütlich ausklingen lassen. Für das leibliche Wohl ist bestens durch das Hofcafé gesorgt und die Nacht wird in der Scheune verbracht. Nach einem erholsamen Schlaf in den Heubetten wartet am Morgen ein reichhaltiges Frühstück.

Anschauen

KASSEL

Um die documenta-Stadt oder auch die Hautstadt der Deutschen Märchenstraße ein wenig kennen zu lernen, sollte man sich Zeit nehmen. Wo sonst findet man drei Parks, drei Schlösser und eine Museumsdichte, die fast einmalig in Deutschland ist? Die größte Sehenswürdigkeit ist wohl der Bergpark Wilhelmshöhe mit dem Herkules, dem Schloss Wilhelmshöhe und der Löwenburg. Doch auch das Stadtmuseum, das Hessische Landesmuseum oder die documenta-Halle lohnen einen Besuch.

FRITZLAR

Die Gründung der Dom- und Kaiserstadt geht auf den heiligen Bonifatius zurück, der wegen seines Wirkens im Jahre 723 in dieser Gegend als Apostel der Deutschen bezeichnet wird. Der historische Stadtkern, umgeben von einer fast vollständig erhaltenen Stadtmauer, zeigt ein Ensemble vergangener Jahrhunderte. Kulturhistorische Bauwerke reihen sich in mittelalterlichen Gassen mit uraltem Pflaster aneinander. Sehenswert ist auch der lebhafte Marktplatz, an dem man in einem der vielen Straßencafes die gesammelten Eindrücke wirken lassen kann.

SCHLOSS WALDECK

200 Meter über dem 27km langen See thront das Wahrzeichen der Region, die trutzige Burg Waldeck. Einst Stammsitz der Grafen von Waldeck, die hier bis ins 17. Jahrhundert hinein residierten. Heute beheimatet das Schloss ein First-Class-Hotel und verschiedene Restaurants. Von der Aussichtsterrasse hat man einen traumhaften Blick auf den Edersee und auf die waldreichen Berge des Nationalparks Kellerwald-Edersee.

WILDPARK EDERSEE

Am Bericher Holz 1
34 549 Hemfurth-Edersee im Edertal
☎ 0 56 23 93 35 92 oder 0 56 23 43 70

Im Wildpark Edersee können Sie in Ruhe heimische Wildtierarten beobachten. Sie sehen auch Tiere, die einstmals unsere Landschaft besiedelten, heute jedoch nicht mehr vorkommen. Denn Wolf, Luchs, Wisent und Auerwild sind in der freien Wildbahn bereits ausgestorben. Mitten im Wildpark liegt die Greifvogelstation. Hier können Sie Uhu, Falken, Milane, Stein- und Kaiseradler "hautnah" erleben. Ganzjährig bietet der Wildpark Edersee Attraktionen für Groß und Klein: heimische Wildtiere ganz nah, Schaufüttern der Wölfe und Luchse oder Flugvorführungen mit Greifvögeln.

Anschauen

E:ON WASSERKRAFTWERK MIT STANDSEILBAHN

Kraftwerkstraße 10
34 549 Hemfurth-Edersee im Edertal
☎ 0 56 23 94 83 90 — Fax: 0 56 23 94 8293
www.eon-energie.com
www.edersee.com
Verkehrstage: Karfreitag bis Oktober von Di. bis So.
Berg u.Talfahrt: stündlich von 11:00-17:00 Uhr
Infozentrum: April bis Oktober von Di. bis Sa.

Hier wird gezeigt wo der Strom wirklich herkommt, wenn auch Kraftwerksführungen zur Zeit der Erstellung dieses Buches aufgrund umfangreicher Umbauarbeiten leider nur nach Absprache möglich waren. In jedem Fall aber können Sie sich mit der Standseilbahn die 300 Höhenmeter zu den Oberbecken auf dem Peterskopf und dem Nationalpark Kellerwald-Edersee tragen lassen, um dann von dort aus die herrliche Aussicht auf das Waldecker Land zu genießen.

DER EISENBERG IN KORBACH

Stechbahn 1
34 497 Korbach
☎ 0 56 31 53 232
www.goldspur-eisenberg.de

Im Korbacher Eisenberg lässt sich der Goldbergbau an Deutschlands größter Goldlagerstätte entdecken: Helm auf, Gummistiefel an und hinein in den sagenumwobenen Goldberg. Erdgeschichte, die harte Arbeit der mittelalterlichen Bergleute oder die Versuche der Glücksritter, das edle Metall zu bergen, werden eindrucksvoll erklärt.

Kulinarisches

SCHENKE 1880
Giessener Strasse 56
34 560 Fritzlar
☎ 0 56 22 91 88 12
🖷 0 56 22 91 88 13
✉ info@schenke1880.de
💻 www.schenke1880.de
In der Fritzlarer Altstadt, nur drei Gehminuten vom Marktplatz entfernt, findet sich die Schenke 1880. Nicht nur das selbstgebraute Bier ist hier zu Hause, sondern auch eine hervorragende Küche. In dem liebevoll restaurierten Fachwerkhaus werden die Speisen stets frisch und aus Zutaten aus regionalen landwirtschaftlichen Betrieben zubereitet.

HOTEL GOLDFLAIR AM RATHAUS
Stechbahn 8
34 497 Korbach
☎ 0 56 31 50 090
🖷 0 56 31 50 09 59
✉ gast@goldflair.de
💻 www.hotel-goldflair.de
Zum Anstoßen wird Ihnen ein Glas prickelnder, mit echtem Blattgold verzierter Haustrunk serviert.

Kulinarisches

Beim Goldgräberschmaus, kredenzt in einer originalen Goldwaschpfanne, beim Korbacher Goldsüppchen oder bei einem Goldmenü wird auch Sie sicher die Faszination des Goldes ergreifen. Der Goldbergsaal, die urig gemütliche Goldgrube, eine märchenhafte Schatzkammer, der Biergarten und das Restaurant "Goldene Zeiten" laden Sie zum Genießen ein.

NETZER BAHNHOF "DAS PFANNKUCHENHAUS"
Edertalstraße 3
34 513 Waldeck-Netze
☎ 0 56 34 99 48 84
🖷 0 56 34 99 48 84
✉ info@pfannkuchenhaus-netze.
💻 www.pfannkuchenhaus-netze.de
Für Leckermäuler jeden Alters ist das Pfannkuchenhaus ist ein beliebtes Ausflugsziel. Eine riesige Auswahl an süßen und herzhaften Pfannkuchen wird angeboten. Für den kleinen Hunger gibt es Salate und Mini-Pfannkuchen. Außerdem hält das Pfannkuchenhaus Frühstück, Kaffee- und Schokoladenspezialitäten bereit. Die Terrasse und der gemütlichen Biergarten lassen den Besucher gerne verweilen.

Fun

PERSONENSCHIFFFAHRT EDERSEE
Ederseerandstraße 8b 34 531 Waldeck
☎ 0 56 23 5415 Fax 0 56 23 51 49
✉ personenschiffahrt-edersee@t-online.de
💻 www.personenschiffahrt-edersee.de
Eine Seefahrt die ist lustig, vor allem auf den hochmodernen Fahrgastschiffen der Personenschifffahrt Edersee. Je nach Wasserstand kann der gesamte Edersee befahren werden. Doch auch bei kürzeren Fahrstrecken erschließt sich der Reiz dieser zauberhaften Seenlandschaft.

BIKERTREFF ZÜNDSTOFF
Am Weiher 1 34 549 Hemfurth-Edersee
☎ 01 78 56 43 766 (Tim)
✉ www.zuendstoff-edersee.de
💻 www.edersee-meeting.de
Ein angesagter Biker-Treff am Edersee. Im "Zündstoff" gibt es in der Hauptsache amerikanische Speisen. Von Burgern, Steaks und Filets über BBQ-Spare-Ribs bis hin zu gegrillten Maiskolben bekommt man, was das Herz begehrt. Einmal im Jahr ist das Gelände Schauplatz des großen Edersee-Meetings.

HOCHSEILGARTEN BAD WILDUNGEN
Königsquellenweg 2a
34 537 Bad Wildungen
☎ 0 56 21 78 920 Fax 0 56 21 78 92
✉ service@drk-gmbh.de
💻 www.drk-gmbh.de
Der Garten besteht eigentlich aus drei Elementen: dem Niedrigseilgarten, der Kletterwand und dem eigentlichen Hochseilgarten. Im Niederseilgarten sind Strategie und Teamgeist gefragt. Nur mit gemeinsamer Planung und Kommunikation geht es voran. Dieser Bereich ist speziell für die Teambildung und Interaktion in der Gruppe geeignet. Im Hochseilgarten warten auf drei Ebenen und Höhen von bis 18 Metern verschiedene Elemente auf ihre Entdeckung. Dabei werden die Teilnehmer Schritt für Schritt von einer Schwierigkeitsstufe zur nächsten geführt. Trainer stehen immer helfend zur Seite.

Gut zu wissen

KASSEL TOURIST GMBH
Obere Königsstraße 15 34 117 Kassel
☎ 05 61 70 77 07 Fax 05 61 70 77 200
✉ tourist@kassel-tourist.de
💻 www.kassel-tourist.de

TOURISTINFORMATION
Zwischen den Krämen 5 34 560 Fritzlar
☎ 0 56 22 98 86 43 Fax 0 5622 98 86 26
✉ touristinfo@fritzlar.de
💻 www.fritzlar.de

EDERSEE TOURISTIC GMBH
Sachsenhäuser Straße 10 34 513 Waldeck
☎ 0 56 23 99 980 Fax 0 56 23 99 98 30
✉ edersee-info@t-online.de
💻 www.edersee-touristic.de

TOURIST INFOEMATION KORBACH
Stechbahn 1 34 497 Korbach
☎ 0 56 31 53 232 Fax 0 56 31 53 320
✉ info@korbach.de
💻 www.korbach.de

Werkstatt

YAMAHA-LAAKS
Schulstraße 5
34 281 Gudensberg-Deute
☎ 0 56 03 93 170 Fax 0 56 03 93 17 55
✉ info@laaks.de
💻 www.laaks.de

TOPSPEED MOTORRAD HANDELS GMBH KAWASAKI
Mengeringhäuser Straße 14
34 454 Bad Arolsen-Mengeringhausen
☎ 0 56 91 73 84
Fax 0 56 91 65 73
✉ info@topspeed-motorrad.de
💻 www.topspeed-motorrad.de

6
Tour de Natur

Von Korbach nach Dodenau

Raubfischangeln am Diemelsee

In aller Herrgottsfrühe verlassen wir das sympathische Korbach. Zügig geht es bergan nach Ober- und Niederwarholdern, wir wollen zum Twistetal. Dichter Wald wechselt sich mit überwiegend landwirtschaftlicher Fläche ab. Etwa zwei Kilometer nach Elleringhausen geht es rechts ab nach Braunsen. Von hier haben wir nur noch wenige Kilometer zum Twistestausee, einem idyllischen Badesee mitten im Wald. Leider ist der kleine Kiosk am See noch geschlossen. Trotzdem

setzen wir uns und lassen das romantische Fleckchen Erde auf uns wirken, bis ein Müllwagen neben uns hält und der Fahrer mit viel Getöse beginnt, die Papierkörbe zu leeren. Also starten wir und sind kurz darauf in Bad Arolsen, der ehemaligen Residenz der Fürsten zu Waldeck und Pyrmont. Das herrschaftliche Barockschloss, die schmucken Fachwerkhäuser und breiten Alleen fügen sich zu einem besonders reizvollem Stadtbild zusammen. Wer kann, sollte "den" Kram- und Viehmarkt in der ersten Augustwoche nicht versäumen. Es ist das größte Volksfest Nordhessens mit einem traditionellen Viehauftrieb. Ansonsten ist das Städtchen schnell erkundet.

Wir bewegen uns nun westlich in Richtung Diemelsee. Das Stück bis Adorf ist kerzengerade und dementsprechend langweilig zu fahren. Dafür aber recht flott. Der kleine Ort liegt im hessischen Teil des Sauerlandes, der hier Upland genannt wird. Ab hier ist es fahrerisch wieder fein und wir erreichen Heringhausen am südöstlichen Ufer des Diemelsees. Die kurvige Uferstraße führt uns direkt zur Staumauer. Immer wieder fasziniert von den riesigen Bauwerken machen wir Halt und schauen uns um. Ein kleiner Ausflugsdampfer schippert Touristen über den See, an dessen Ufer die vielen Angler auffallen. Von einem Mitarbeiter des Kraftwerkes erfahren wir, das gerade das Raubfischangeln am See sehr hohen Stellenwert hat. Doch wer hat auf einer Moppedtour schon Anglerzeug dabei? Wir setzen also unsere Reise fort. Über die Staumauer hinweg, links abgebogen und dann entlang der Itter über Prontkirchen auf einer herrlich kurvigen und einsamen Landstraße nach Willingen im Hochsauerland oder "das Land der tausend Berge". Umschlossen von den Hausbergen Ettelsberg, Iberg und Orenberg liegt die Stadt idyllisch in einem Talkessel und sprüht nur so

Tour 6

Quick Check

Start : Korbach
Ende : Dodenau

Länge : ca. 270 km
Dauer : ca. 8 h

vor Leben. Hotels, Restaurants und Kneipen reihen sich Tür an Tür. Ein kurzer Besuch in der Touristen-Information macht uns das Städtchen besonders sympathisch: gleich drei Faltblätter mit Bikertipps und Karten werden uns freundlich überlassen und mündliche Ratschläge bekommen wir ebenfalls reichlich. Nicht oft wird man als Motorradfahrer so empfangen. Besonders bekannt ist Willingen durch das jährlich stattfindende Skispringen und als Sauerländer Skiregion. So machen wir uns auf, um eine der höchsten Großschanzen der Welt zu bestaunen - die Mühlenkopfschanzen. Sogar jetzt, ohne Schnee, bekommt man in dem weiten Skistadion ein Gefühl dafür, wie hier im Winter beim Skispringen "die große Sause abgeht". Wer möchte, kann sich das alles auch von oben anschauen, denn eine Standseilbahn sorgt bequem für das Hinauf-, beziehungsweise Hinunterkommen.

Was Biker und Wintersportler gleichermaßen erfreut

Unser nächstes Ziel ist die B251, grobe Richtung Brillon, doch vorher biegen wir links ab. Durch Elleringhausen bis kurz vor Olsberg

ist Kurvenkratzen angesagt. Vor Olsberg geht es nach Süden. Nach ca. fünf Kilometern auf der B480 darf man keinesfalls die Abzweigung nach Wulmeringhausen verpassen, denn sonst versäumt man das romantische Tal, durch das Bäche wie Neger oder Namenlose fließen. Über Brunskappel und Silbach, ein besonders adrettes Sauerlanddorf, erreichen wir auf gut durchgewärmten Reifen die von den vier "Achthundertern": Kahler Asten, Langenberg, Klemensberg und Ziegenhelle umrahmte "Ferienwelt Winterberg". Uns ist die Stadt zum einen als Skigebiet bekannt, zum andern aber auch durch die Bobbahn, die schon 1910 als Natureisbahn genutzt wurde. Wo sich der Wintersportler wohl fühlt, ist auch der Biker zu Hause. Denn beide brauchen Berge und Kurven - und die sind hier im Hochsauerland am Rande des Rothaargebirges reichlich vorhanden. Die einhundert Kilometer lange Panoramaroute, die "Hochsauerland-Höhenstraße", erschließt die schönsten und interessantesten Regionen der Gegend.
Auf unserer Rundfahrt um den Kahlen Asten machen wir etwas außerhalb Winterbergs auf dem Erlebnisberg Kappe noch einmal Station. Der beliebte Bikertreff bietet außer einem traumhaften Blick über die Stadt bis weit ins Land hinein noch einiges mehr. Eine Erlebnisbrücke für Schwindelfreie, die bereits erwähnte legendäre Bobbahn, ein Bikepark und auch eine Sommerrodelbahn. In jedem Falle ein lohnendes Ziel. Unser Ziel jedoch ist Motorrad fahren. Über Alt-Astenberg schwingen wir uns weiter durch herrliche Kurven hinunter nach Nordenau und Oberkirchen. Hier zwingt uns allerdings Spritmangel zu einem Abstecher ins zehn Kilometer entfernte Schmallenberg, ein Ort der sich weitgehend auf Wellness, Wandern und Wintersport ausgerichtet hat. Für uns ist das zur Zeit nicht so verlockend; Viel schöner ist da das nächste Stück Hochsauerland-Höhenstraße, welches jetzt ansteht. Also: tanken und zurück nach Oberkirchen. Eigentlich meiden wir Bundesstraßen, aber ab hier ist es ein Muss. Die neu ausgebaute B236 ist ein fahrerisches Highlight und erfordert unsere ganze Konzentration, bis wir, oben angekommen, die atemberaubende Fernsicht genießen können. Durch Langewiese und Neuastenberg erreichen wir wieder die Abzweigung nach Altastenberg. Der krönende Abschluss unseres Rundtrips ist dann der 841 Meter hohe "Kahle Asten" mitten im Naturpark Rothaargebirge. Auf dem Gipfel des beliebten Ausflugziels befindet sich neben der Wetterstation das höchstgelegene Hotel-Restaurant in Nordrhein-Westfalen. Der dem Hotel angegliederte Astenturm bietet eine Rundumsicht, die ihresgleichen sucht. Bei extrem klarem Wetter reicht der Blick sogar bis zum Brocken im Harz.

Toskana des Sauerlands

Nach einem Päuschen geht es den Berg wieder hinunter und zurück nach Neuastenberg. Im Ort links führt uns der Weg nach Mollseifen, Züschen und Liesen. Hier etwa beginnt die Medebacher Bucht, eine sanft hügelige Landschaft, die zurecht auch die Toskana des Sauerlandes genannt wird. In Medelon folgen wir dem Flüsschen Orke und genießen die "Toskana" ebenso wie die gut einsehbaren langgezogenen Kurven. Am Zusammenfluss von Orke und Eder, in Ederbringhausen, folgen wir dem Zufluss der Talsperre bergan bis Frankenberg. Das lebhafte Ederstädtchen zwingt uns regelrecht eine Pause einzulegen. Gegenüber dem Rathaus, einem gotischen Fachwerkbau, lassen wir uns nieder. Besonders imposant sind die zehn verschieferten Türme des

Gebäudes. In der gleichermaßen eindrucksvollen Rathaushalle im Erdgeschoss findet noch heute Samstags der Wochenmarkt statt. Ein weiterer Blickfang ist das um 1240 erbaute "Steinhaus", das älteste Gebäude der Stadt. Auch wenn es noch vieles mehr zu sehen gibt, es ist inzwischen später Nachmittag geworden und wir müssen sehen, dass wir weiter kommen, denn bald beginnt sie wieder, die tägliche Suche nach einem Bett. Vorher "fressen" wir aber noch einige Kilometer, denn ein freundlicher Bikerkollege, gebührender Bewunderer unserer "Kühe", empfiehlt uns noch eine nicht eingeplante Schleife um Wangershausen, Hommershausen, Rengershausen, Hallenberg, weiter südlich auf die B236, durch ein verträumtes Tal nach Allendorf/Battenberg an der Eder. Ein zweifach schöner Abstecher, der sich lohnt: einmal wegen der Landschaft und dann wegen der Fahrt. In Battenberg selbst fällt der mitten im Ort gelegene 460 Meter hohe Burgberg mit der Ruine Kellerburg auf. Der Besuch des "Burgbergstollen" und der Weg dorthin lohnen sich. Die 200 Jahre alte Anlage ist heute ein interessantes Besucherbergwerk.
Unsere Quartiersuche geht an der Eder entlang weiter. Wir brettern gerade durch Kroge, Auhammer und Dodenau. Als ich im Augenwinkel ein Schild mit der Aufschrift "Biker-Stopp" bemerke sind wir schon am Ortsausgang. Also kehren wir um und landen erst mal in einem hübschen Biergarten. Hartmut, der Chef der Bikerpension Arnold, versorgt uns höchstpersönlich und im Nu sitzen wir in einer Runde von Kollegen und plaudern Benzin. Bald jedoch werden wir von Sigrid, der Wirtin, sehr bestimmt zum Abendessen ins Schnitzel-Stübchen befohlen. Das opulente Mal weckt in uns nur noch einen Wunsch: endlich Schlafen.

"KAHLER ASTEN"

Der Kahle Asten ist ein 840 Meter hoher Berg im Rothaargebirge zwischen den Ortsteilen Alt- und Neuastenberg sowie Lenneplätze.
Irrtümlich wird der Kahle Asten auch als höchster Berg von Nordrhein-Westfalen bezeichnet. Tatsächlich ist er nur der dritthöchste der Region, aber mit Abstand der bekannteste. Dazu beigetragen hat maßgeblich die ständige Station des Deutschen Wetterdienstes.
Über den Gipfel des Kahlen Astens, der auch von einem Ausflugslokal im Aussichtsturm auf 862 m Höhe gekrönt wird, verläuft ein Teil der Rhein-Weser-Wasserscheide. So entspringt z.B. am Kahlen Asten die Lenne, die über die Ruhr in den Rhein fließt, während die nach Süden verlaufende Odeborn und die Sonneborn über Eder und Fulda in die Weser fließen.

Auf dem Kahlen Astens steht der direkt an das Hotel-Restaurant angegliederte Astenturm. Von der Plattform des Aussichtsturmes (sie liegt auf einer Höhe von 862 m ü. NN) kann man eine herrliche Rundumsicht, nicht nur über das Rothaargebirge, genießen. Auch ohne ein Fernglas reicht der Blick bei extrem klarem Wetter von dort oben sogar bis zum 163 Kilometer weit entfernten Brocken.

Die Pläne für ein Denkmal auf dem Kahlen Asten reichen weit zurück. Bereits 1843 besuchte König Friedrich Wilhelm IV. den Berg. Geplant war damals zur Erinnerung an den Vertrag von Verdun der Bau eines Aussichtsturms als Denkmal. Dieser Vertrag besiegelte tausend Jahre zuvor die Teilung des karolingischen Reiches in einen westfränkischen, ostfränkischen und lothringischen Teil und wurde als Beginn der eigenständigen französischen und deutschen Entwicklung gedeutet. Während des Revolutionsjahres 1848 wurde der Astenturm Ziel einer Demonstration für die Ziele der Märzrevolution und der Deutschen Einheit.

Die Grundsteinlegung für das Denkmal erfolgte am 22. Juni 1884. Im selben Jahr begann der Bau eines Turmes. Der bereits 25 m hohe Rohbau fiel allerdings einem Herbststurm zum Opfer. Die Eröffnung war dann 1895. Seit dem Jahr 1900 ist der Turm ein offizielles Denkmal der Provinz Westfalen, seit 1918 ist er Wetterstation.

Erste Renovierungen wurden wegen witterungsbedingter Materialermüdung bereits 1923 nötig, gleichzeitig kam es zum Ausbau der Gastronomie. Während des zweiten Weltkrieges wurde der Turm durch einen Artillerievolltreffer fast völlig zerstört. Die Beseitigung der Kriegsschäden dauerte bis zum Jahr 1955. Im Jahre 1967 musste die beschädigte Schieferummantelung durch Kupfer ersetzt werden. 1995 kam ein Ausstellungspavillon hinzu. Nach einer Restaurierung hat das Hotel-Restaurant seine Pforten im Dezember 2005 neu geöffnet. Der Astenturm wurde nach seiner Restaurierung erst am 20. März 2006 wieder eröffnet.

Übernachten

BRAUHAUS-HOTEL

Kaulbachstraße 33 34 454 Bad Arolsen
☎ 0 56 91 89 860 Fax 0 56 91 69 42
info@brauhaus-hotel.de
www.brauhaus-hotel.de

Generationen haben in diesem alten Brauhaus schon gewohnt und gefeiert. Heute bietet das Hotel angenehme, behagliche Wohnlichkeit und zeitgemäßen Komfort im Zentrum der Barockstadt Bad Arolsen und lädt zum Verweilen ein. Die Zimmer sind modern eingerichtet und durchgehend mit Dusche oder Bad, WC, Telefon, LAN, Radiowecker und Satellitenfernsehen ausgestattet.

SAUERLAND STERN HOTEL

Kneippweg 1 34 508 Willingen
☎ 0 56 32 40 40 Fax 0 56 32 61 19
info@sauerland-stern-hotel.de
www.sauerland-stern-hotel.de

Das Hotel verfügt über ideale Sport- und Freizeiteinrichtungen, die den Aufenthalt abwechslungsreich gestalten. Im Lagunen-Erlebnisbad kann man sich beim Baden vergnügen. Das Haus bietet komfortabel eingerichtete Appartments mit zeitgemäßer Ausstattung. Satellitenfernsehen, Telefon-und Faxanschluss gehören dazu. In neun verschiedenen Restaurants, Cafés und Bars gibt es ein gastronomisches Angebot, dass keine Wünsche offen lässt. Der Abend klingt in der hauseigenen "Discothek Starclub" bei einem Drink, Musik und Tanz aus.

CENTRAL-HOTEL WINTERBERG

Am Waltenberg 29 59 955 Winterberg/Sauerland
☎ 0 29 81 92 450 Fax 0 29 81 72 26
info@central-hotel-winterberg.de
www.central-hotel-winterberg.de

Das Central-Hotel liegt direkt an der Winterberger Flaniermeile. Jede Etage des Hotels erreichen Sie bequem mit dem Aufzug. In den gemütlichen Komfort-Zimmern können Sie sich dann so richtig wohlfühlen und entspannen. Alle Zimmer sind mit Dusche/WC, Telefon, Satellitenfernsehen und Balkon ausgestattet. Selbstverständlich ist das reichhaltige Frühstücksbuffet. Für Biker gibt es auf Anfrage Spezialangebote.

Übernachten

HOTEL "RATS-SCHÄNKE"

Marktplatz 7 35 066 Frankenberg (Eder)
☎ 0 64 51 72 660 Fax 0 64 51 72 66 55
info@rats-schaenke.de
www.rats-schaenke.de

In der Altstadt von Frankenberg am Obermarkt, direkt neben dem 10-türmigen Rathaus, liegt das Hotel-Restaurant Rats-Schänke, im Volksmund "Säule" genannt. Seit über 100 Jahren in Familienbesitz entwickelte sich aus der ehemals kleinen Gaststube ein gut geführtes und stattliches Hotel, das über über 78 Zimmer in verschiedenen Preiskategorien verfügt.

GASTHAUS "ZUM WILDEN ZIMMERMANN"

Nuhnestraße 25 59 969 Hallenberg
☎ 0 29 84 82 21 Fax 0 29 84 23 68
info@zwz.de
www.zwz.de

Bei Ihrer Ankunft erwartet Sie ein Glas Haustrunk und Sie können auf einen erholsamen Aufenthalt anstoßen. Die Zimmer sind großzügig ausgestattet und verfügen über allen Komfort. Ein reichhaltiges Frühstückbuffet erwartet Sie am Morgen. Da der Chef des Hauses selbst Biker ist, hat er auch für alles gesorgt: Unterstellmöglichkeit mit Trockenraum, Öle und Schmierstoffe; selbst Kettenspray wird bereitgehalten.

GASTHOF & BIKERTREFF ARNOLD

Berliner Straße 1
935 088 Battenberg-Dodenau
☎ 0 64 52 66 12 Fax 0 64 52 60 81
info@gaststaette-arnold.de
www.gaststaette-arnold.de

Der Biker-Treffpunkt mit Familienanschluß in der Region. Eine urgemütliche Gaststube und ebensolche Zimmer, dazu ein herrlicher Biergarten ist eigentlich alles, was der Biker braucht. Das Frühstück ist mehr als reichhaltig und das Essen hervorragend. Der Zeltplatz direkt am Haus, die Garagen und der Trockenraum, sowie eine Schrauberecke und ein Hochdruckreiniger komplettieren das Angebot.

Anschauen

RESIDENZSCHLOSS BAD AROLSEN
Schloßstraße 27 34 454 Bad Arolsen
☎ 0 56 91 89 55 26 Fax 0 56 91 30 46
info@schloss-arolsen.de
www.schloss-arolsen.de
Mai - Sept.: Täglich 10.00-16.00 Uhr

Das Schloss gilt als Wahrzeichen der Stadt Bad Arolsen. Gebaut im Barockstil in den Jahren 1710-1810, verdankt es seiner Entstehung dem Fürsten Friedrich Anton Ulrich zu Waldeck und Pyrmont (1676-1728). Heute wird das Schloss von dem Fürsten Wittekind zu Waldeck und Pyrmont sowie seiner Familie bewohnt. Im Westflügel befinden sich die Hofbibliothek, die Bibliothek Brehm und das Museum Bad Arolsen mit den Ausstellungen im Schloss. Zu besichtigen sind der Steinerne Saal mit herrlichen Stuckarbeiten und Deckengemälden, das Pfälzische Zimmer, die Alhambra, der Musik-, Weiße-Empire-, der rote und der blaue Salon, sowie das Kronprinzenzimmer.

BESUCHERBERGWERK "GRUBE CHRISTIANE"
Am Kahlenberg 10
34 519 Diemelsee
☎ 0 56 33 13 14 oder 0 56 33 59 55
glueck-auf@grube-christiane.de
www.grube-christiane.de
Mi. 14.00-17.00 Uhr
Sa. 13.00-17.00 Uhr
So. 10.00-17.00 Uhr

Erleben Sie die über 800-jährige Tradition des Adorfer Erzbergbaues hautnah in einer Führung durch das Besucherbergwerk. In vorgeschichtlicher Zeit waren vor allem die Erzlager bei Siegen, Hungen, Gießen und im Lahn-Dill-Gebiet bekannt. Allerdings waren auch schon Erzvorkommen im Adorfer Raum erkundet, was durch Funde bewiesen ist. Sogar eine Verhüttung soll hier an Ort und Stelle erfolgt sein. Die Grube Christiane war die größte Eisenerzgrube in Hessen nach dem zweiten Weltkrieg. So wurden im Spitzenjahr 1960 155.784 Tonnen Erz mit einem durchschnittlichen Eisengehalt von etwa 30 Prozent gefördert.

Anschauen

GLASBLÄSEREI WILLINGEN
Zur Hoppecke 9 34 508 Willingen
☎ 0 56 32 98 55 15 Fax 0 56 32 98 55 20
info@glasmanufaktur-willingen.de
www.glasmanufaktur-willingen.de

Es sind wirklich kleine Kunstwerke, die die Glasbläser vor Ihren Augen entstehen lassen. Erleben Sie, wie aus einer 1300°C heißen Masse wunderschöne Glas-Unikate Form und Farbe annehmen und erfahren Sie mehr über die faszinierende, jahrhundertealte Tradition der Glasbläserkunst. Mit der Unterstützung der Glasbläser können Sie sogar Ihr eigenes Glas blasen und so ein ganz persönliches Andenken anfertigen.

HISTORISCHES RATHAUS FRANKENBERG

Das Frankenberger Rathaus mit seinen zehn Türmen, im Herzen der Altstadt zwischen der Liebfrauenkirche und dem Steinhaus gelegen, stellt ein besonderes Kleinod spätgotischer Baukunst dar und gilt als eines der schönsten Fachwerk-Rathäuser. Die durch zahlreiche Erker und Vorkragungen aufgelockerte Dachlandschaft wird von zehn Spitztürmen gekrönt, die der Silhouette des Rathauses eine einmalige Wirkung geben. Im Erdgeschoss befindet sich die große Rathaushalle ("Schirn"), die früher als Markt- und Gerichtshalle verwendet wurde. Auch heute gibt es hier noch den Wochenmarkt.

WESTDEUTSCHES WINTERSPORT-MUSEUM
Schultenhof 95 955 Winterberg
☎ 0 29 81 92 02 29
Mi.-So. 11:00-18:00 Uhr

Olle Bretter, Schnürschuhe und dicke Wolljacken. Auch wenn es Sommer ist, so gehört das Hochsauerland mit seiner fast 100 Jahre alten Wintersportgeschichte doch zu den größten Wintersportregionen nördlich der Alpen. Im Gebäude des Schultenhofes wird alles über die Entwicklung des Wintersports gezeigt. Auch für einen Einkehrschwung nach dem Museumsbesuch ist der gemütliche "Schultenhof" bestens geeignet.

Kulinarisches

DIE SONNE FRANKENBERG
Marktplatz 2-4 35 066 Frankenberg
☎ 0 64 51 75 00 Fax 0 64 51 75 500
✉ info@sonne-frankenberg.de
www.sonne-frankenberg.de

Schon immer waren Hotels auch ein Ort der Gaumenfreuden, und so widmet sich auch die "Sonne Frankenberg" mit ihren Restaurants "Philipp Soldan" und der gemütlichen "Jagdstube" dieser Tradition. Feine Rezepturen um Fisch, Fleisch und Gemüse vereinen sich mit den edlen Schätzen aus dem Weinkeller, setzen Glanzlichter unter "heimischer Sonne" und laden auch Sie zum Genuss in Frankenberg ein.

WILLINGER BRAUHAUS
In den Kämpen 2 34 508 Willingen
☎ 0 56 32 98 870 Fax 0 56 32 98 87 28
✉ info@willinger-brauhaus.de
www.willinger-brauhaus.de

Das Willinger Brauhaus ist seit Jahren eine feste Größe im Sauerland. Jung und Alt kommen gern hierher und machen diesen Ort der Gastlichkeit zu einem Treffpunkt. Dass das Willinger Brauhaus ein Gastronomiebetrieb der Superlative ist merkt man an den neun verschiedenen Bereichen: irgendwo zwischen Schänke, Brauhaussaal und Brasserie findet jeder (s)ein Plätzchen.

BIG MOUNTAIN
Schneilstraße 2 59 955 Winterberg
☎ 0 29 81 80 29 18 Fax 29 81 80 27 80
✉ info@big-mountain-winterberg.de
www.big-mountain-winterberg.de

Das American Roadhouse bietet dem Liebhaber des "American Food" mehrere gastronomische Einheiten im amerikanischen Stil. Dazu zählen verschiedene Kneipen unterschiedlichen Charakters, Restaurantbereiche, eine Cocktailbar, sowie günstige Übernachtungsmöglichkeiten. Das Angebot reicht von Burgern über Ribs bis zum Steak. Hier kann man Cocktails und gepflegte Getränke in authentischer Mountain-Lodge-Atmosphäre genießen.

Kulinarisches

ANTE - GASTRONOMIE IM LANDHAUS
Nuhnetalstraße 120
59 955 Winterberg Züschen
☎ 0 29 81 92 97 96
Fax 0 29 81 92 71 86
✉ info@ante-gastronomie.com
www.ante-gastronomie.com

Gut essen, gut trinken, gemütlich sitzen. Das sind die Merkmale, nach denen hier der Gast verwöhnt wird. Dieser Dreiklang erwartet Sie auch im Restaurant, welches Tradition mit Moderne, Regionales mit Mediterranem und Gemütlichkeit mit klaren Linien kombiniert. Auf dem Teller, im Glas, in der Architektur. So können Sie genussvolle Stunden im Haus oder auf der großen Sonnenterasse verbringen.

Fun

SOMMERRODELBAHN WILLINGEN
Schwalefelder Straße 5 (Büro)
34 508 Willingen
☎ 0 56 32 96 69 77
Fax 0 56 32 96 69 78
✉ info@sommerrodelbahn-willingen.de
www.sommerrodelbahn-willingen.de
Im Sommer täglich 9:00-18:00 Uhr

Nicht nur auf zwei Rädern macht der Sommer Spaß, sondern auch auf der 700 Meter langen Rodelbahn in Willingen. Mit ihren elf rasanten Kurven, drei "Jumps" und mehreren langgezogenen Geraden ist sie wohl eine der abwechslungsreichsten Bahnen dieser Art. Allein der Bergauf-Transport ist schon einen Besuch wert. Mit Hilfe des vorhandenen Skilifts wird der Gast auf dem Schlitten sitzend 250m bergauf gezogen, genießt oben angekommen einen herrlichen Blick auf Willingen und die umliegenden Uplandberge. Dann startet man dann ohne abzusteigen die Talfahrt auf den bis zu 40km/h schnellen Schlitten.

Fun

CURIOSEUM
Düdinghäuser Straße 1 34 508 Willingen-Usseln
☎ 0 56 32 62 32 Fax 0 56 32 69 066
✉ info@zumwilddieb.de
💻 www.curioseum-willingen.de
🕘 Mai - Okt.: täglich 10:00 - 18:00 Uhr

Stilbruch wäre untertrieben - mit und ohne Sinn oder Verstand wurden im Curioseum Willingen Exponate aus Deutschland und der restlichen Welt ins Willinger Upland importiert. Auf 1500 m² kann man alte Kernseife, ein wahrscheinlich nicht mehr fahrbereites Mondauto, Schrumpfköpf aus dem Fundbüro des Hamburger Hafens, Piranhas aus dem Amazonas oder ein abgestürzten Flugzeug bewundern. Und das ist nur der Anfang.

PANORAMA-ERLEBNIS-BRÜCKE
An der Bobbahn 59 955 Winterberg
☎ 0 29 81 92 98 77 Fax 0 29 81 90 80 61
✉ info@panorama-erlebnis-bruecke.de
💻 www.panorama-bruecke.de
🕘 Täglich 9.30 - 19.00 Uhr (witterungsabhängig)

Naturgenuss, das Gefühl von Freiheit, Weite und Abenteuer erleben Sie auf der Panorama-Erlebnis-Brücke. Hoch oben auf der Winterberger Kappe thront das 20 Meter hohe Monument. Spazieren Sie in aller Ruhe den 435 Meter langen Weg entlang. Probieren Sie die 5 Abenteuer-Spaß-Elemente aus und genießen Sie die traumhafte Aussicht.

INDOORKARTBAHN NEUASTENBERG
Postwiese 59 955 Winterberg-Neuastenberg
☎ 0 29 81 90 87 02 Fax 0 29 81 90 87 01
✉ info@kartfun-astenberg.de
💻 www.kartfun-astenberg.de

Wer wie Valentino Rossi die Touren auf zwei Rädern gefahren ist, kann nun hier einmal wie Michael Schumacher auf deren vier über den Asphalt rasen. Die Kombination aus scharfen Kurven und langen Geraden bietet in der 5000m² großen, klimatisierten Halle Nervenkitzel und Fahrspaß. In 10 Minuten fahren Sie bis zu 15 Runden und werden zum Hauptdarsteller Ihres ganz persönlichen Formel-1-Rennens. Die Sicherheitsausrüstung stellt Kartfun zur Verfügung.

Gut zu wissen

GÄSTE- UND GESUNDHEITSZENTRUM BAD AROLSEN
Rauchstraße 2 34 454 Bad Arolsen
☎ 0 56 91 80 12 40 Fax 0 56 91 80 12 38
✉ ggz@bad-arolsen.de
💻 www.bad-arolsen.de

EDERBERGLAND TOURISTIK E.V
Untermarkt 12 35 066 Frankenberg (Eder)
☎ 0 64 51 71 76 72 Fax 0 64 51 71 76 74
✉ info@ederbergland-touristik.de
💻 www.ederbergland-touristik.de

TOURIST-INFORMATION WILLINGEN
Waldecker Straße 12 34 508 Willingen
☎ 0 56 32 40 11 80 Fax 0 56 32 40 11 50
✉ willingen@willingen.de
💻 www.willingen.de

TOURIST-INFORMASTION WINTERBERG
Am Kurpark 6 59 955 Winterberg
☎ 0 29 81 92 500 Fax 0 29 81 92 50 24
✉ info@winterberg.de
💻 www.winterberg.de

Werkstatt

TOPSPEED MOTORRAD HANDELS GMBH
KAWASAKI
Mengeringhäuser Straße 14
34 454 Bad Arolsen-Mengeringhausen
☎ 0 56 91 73 84 Fax 0 56 91 65 73
✉ info@topspeed-motorrad.de
💻 www.topspeed-motorrad.de

AXEL HEBELER ZWEIRADSPORT YAMAHA
Hauptstraße 93 35 108 Allendorf/Eder
Ortsteil Rennertehausen
☎ 0 64 52 18 30 Fax 0 64 52 76 89
✉ info@hebeler-zweirad.de
💻 www.hebeler-zweirad.de

7 Quer durch halb Deutschland

Von Dodenau zum Hoherodskopf

Bei "Billy The Biker"

Um 8 Uhr beginnt der letzte Tag unserer Reise quer durch halb Deutschland. Mit einem lachenden und einem weinenden Auge packen wir die Seitentaschen. Vorher werden wir aber noch von Hartmut mit einem echten "Dodenauer Bikerfrühstück à la Pension Arnold" verwöhnt und mit guten Tipps über das Ederbergland versorgt. Dann heißt es aufsitzen, denn wir sind fest entschlossen, unsere Drohung von gestern wahr zu machen und den Haudegen Billy in Laisa zu besuchen, um seine gesammelten Schätze zu bestaunen. Auf dem Hof des hübsch renovierten Fachwerkhauses herrscht liebevolles Sammlerchaos. Mit breitem Grinsen begrüßt uns Billy und öffnet uns die Tore der Scheunen. Spätestens jetzt haben wir eine Vorstellung davon, was wahre Biker-Sammelleidenschaft heißt. Von Horex über

MZ, Ducati und BMW bis hin zur schweren Goldwing ist alles vorhanden, fahrbereit, sowie zugelassen. Schwer beeindruckt dürfen wir noch die bestens ausgestattete Kellerbar besuchen. Neben herrlichem Kitsch finden sich Fotos aus Billys aktiven Renn-

tagen und Pokale über Pokale. Bei seinen Benzingeschichten vergeht die Zeit wie im Fluge - schon bald müssen wir aufbrechen. Schade, der Typ ist sensationell.
Zurück in Holzhausen folgen wir wieder der Eder über Berghausen nach Bad Berleburg, der Heimat der Fürsten zu Sayn-Wittgenstein. Das von weiten Parkanlagen umgebene Barockschloss ist nicht nur Mittelpunkt der historischen Altstadt, sondern dient noch heute der Adelsfamilie als Wohnsitz. Neben vielen kulturellen Veranstaltungen hat das geschätzte Kneipp-Heilbad im größten zusammenhängenden Waldgebiet Deutschlands dem Biker vor allem eines zu bieten: Kurven, Kurven und nochmal Kurven, die sich durch Berg und Tal schlängeln. Schmale Serpentinen ebenso wie lange Geraden. Und dann: Hoteliers, die nicht nur das Motorrad beherrschen, sondern auch die Wittgensteiner Küche.

Charmantes Marburg

Einen Teil hiervon (den Kurven, nicht der Küche) probieren wir jetzt aus und machen uns auf den Weg nach Süden. Zuerst fahren wir durch das idyllische Dörfchen Arfeld, erstmals im Jahre 800 erwähnt. Mit seinem intakten historischen Dorfkern zählt es zu den ältesten Ortschaften Südwestfalens. Danach geht es auf einem schmalen Sträßchen in engen Kurven steil bergauf und bergab. Offenbar haben wir ein hervorragendes Stück Wittgensteiner Land erwischt. Richstein, der Berggasthof Didoll und Puderbach sind die einzigen bewohnten Flecken bis hinunter ins Lahntal nach Bad Laasphe. Hoch über dem kleinen Heilbad thront das mächtige Stammschloss der Wittgensteiner. Der riesige Bau dient heute als Internat und Schule. Den Ort selbst und seine historische Altstadt näher zu erkunden, verhindert einsetzender

Tour 7

Quick Check

Start : Dodenau
Ende : Hoherodskopf

Länge : ca. 200 km
Dauer : ca. 6 h

Nieselregen. So trollen wir uns in Richtung Biedenkopf, wo der Himmel noch nicht so bedeckt ist. Schon von weitem sehen wir das Landgrafenschloss über der Fachwerk-Altstadt. Der 386 Meter hohe Burgberg ist schnell erklommen. Von der Schlossterrasse eröffnet sich dann ein grandioser Ausblick über das obere Lahntal, der durchaus einen kurzen Aufenthalt rechtfertigt. Doch anstatt das im Schloss untergebrachte Hinterland-Museum zu besuchen, nehmen wir lieber einen Imbiss in der Schlossgaststätte. Der Nieselregen, der inzwischen auch Biedenkopf erreicht hat, beschleunigt unseren Aufbruch und treibt uns vor sich her. Auf der B62 kommen wir flott bis Großfelden. Die Ortsverbindung über Wehrda führt uns dann wieder die Lahn entlang nach Marburg. Wer die charmante Universitätsstadt genauer studieren will, muss viel Zeit mitbringen. Denn nicht nur Altes ist zu bewundern - an allen Ecken und Enden pulsiert das schiere Leben. besonders in der verwinkelten Altstadt, auch Oberstadt genannt. Kneipen, Bistros und elegante Boutiquen wechseln einander ab, die Straßencafés sind proppevoll. Doch wehe dem, der versucht das Viertel per Mopped zu besichtigen! Früher oder später hat sich der

Fremde hoffnungslos verfranzt. Uns jedenfalls erging es so. Steile Straßen, holpriges Kopfsteinpflaster, Passanten über Passanten zwingen zu einem ständigen Stop and Go. Die Entdeckungstour per Bike wird zum Horrortrip. Völlig entspannt dagegen erreicht man die wuselige Altstadt über zwei Aufzüge vom Parkplatz Oberstadt aus. In Marburg geht es aber noch höher hinaus, und zwar zum Landgrafenschloss auf dem Gisonenfelsen. Nicht nur die Zufahrt zu der imposanten Doppelschlossanlage ist ein Ereignis, sondern auch der Panoramablick über die Stadt. Ein großer Teil des Schlosses, das sich im Besitz der 1527 gegründeten Philipps-Universität befindet, beherbergt heute das Museum für Kulturgeschichte. Doch auch den Schlosspark mit seinem prachtvollen Rosengarten und der Freilichtbühne sollte man nicht verpassen. Etwa einhundert Meter unterhalb des Schlosses begegnen wir auf Schritt und Tritt historischen Baudenkmälern

wie dem Rathaus, der Elisabethkirche über dem Grab der heiligen Elisabeth von Thüringen oder der alten Universität. Nicht nur große Baumeister haben in der Stadt ihre Spuren hinterlassen, sondern auch Geistesgrößen wie Martin Luther, die bereits vormals erwähnten Gebrüder Grimm, der Jurist Savigny oder der Medizin-Nobelpreisträger Emil von Behring.
Wir lassen die eindrucksvolle Stadt hinter uns und überqueren in Cappel, einem südlichen Vorort von Marburg, die Lahnberge in Richtung Kirchhain. Moischt und Schröck, zwei Dörfchen an der flotten Strecke, leiten uns nach Amöneburg. Schon von Ferne sehen wir den ca. 160 Meter hohen Basaltkegel in dem sonst ebenen Amöneburger Becken. Und obendrauf thront die "Stadt auf dem Berge". Erste Siedlungsspuren des altehrwürdigen Ortes finden sich bereits im sechsten Jahrtausend vor Christi Geburt. Urkundlich erwähnt wird die Stadt jedoch erst mit Gründung von Bonifatius' Missionswerk im Jahr 721. Beredte Zeugnisse dieser Zeit zeigt das örtliche Museum. Nach einem Besuch der fast fünfzig Meter hohen Stiftskirche auf dem obersten Punkt des Ortes gönnen wir uns im Burgcafé der Schlossruine eine kleine Pause. Nach einer Erfrischung und zwei "Wucher-Schinkenbroten" fahren wir auf der Ostseite den Berg hinunter in das weitläufige, flache Ohmtal. An der romantischen und sehenswerten Brücker Mühle führt uns die 1722 erbaute Brücke über den Fluss. In Sportlermanier geht es über Schweinsberg mit seiner hübschen Burg nach Homberg an der Ohm. Zahlreiche Fachwerkhäuser prägen das Ortsbild. Sehenswert: das Rathaus, die Alte Apotheke und das Alte Brauhaus, sowie der älteste Teil der Stadtbefestigung, die ansonsten im Dreißigjährigen Krieg zerstört wurde.

"Legende" Friedel Münch

Wir folgen der Ohm bis Niedergemünden und cruisen dann genüsslich durch ein bezauberndes Tal nach Ermenrod. Am Ortseingang den Blinker rechts gesetzt und sportlich weiter die B49 nach Mücke und dann die B276 nach Laubach hinan, dem "Tor zum Vogelsberg". Prunkstück des malerischen 1200 Jahre alten Residenzstädtchens ist das mitten im Ort gelegene Schloss der Grafen zu Solms-Laubach mit einem prächtigen Schlosspark. Heute wird das Schloss in der 18. Generation von Karl Georg Graf zu Solms-Laubach und seiner Familie bewohnt. Viele kulturelle Events werden von der gräflichen Familie initiiert und so hat sich der Ort zu einem Anziehungspunkt für Künstler aus ganz Deutschland entwickelt. Er ist aber auch zu einem Mekka der Bikerszene geworden, denn in Laubach befand sich viele Jahre die Wirkungsstätte der lebenden Legende Friedel Münch. Noch im April 2000 stellte der damals 73-jährige Konstrukteur mit seiner "Münch Mammut 2000" das weltweit stärkste Serienmotorrad vor: 2000ccm und 260PS; ein Wunderwerk der Technik.
Auf unserem Weg nach Schotten versuchen wir so weit wie möglich, die schöne aber geschwindigkeitsbegrenzte B276 zu meiden, die übrigens Teil der "Motorradstraße Deutschland" ist. Stattdessen nehmen wir die Ortsverbindung über Friedrichshütte, Gonterskirchen und Einhartshausen nach Schotten, mitten im Vogelsberg oder auch "dem Herzen des Vulkans" gelegen. Der Vogelsberg gehört zum größten zusammenhängenden Vulkanmassiv Mitteleuropas, spuckt jedoch schon seit gut sieben Millionen Jahren kein Feuer mehr.
Ein kurzer Trip durch das liebenswerte Schotten zeigt uns, dass der Ort noch immer rennbegeistert und ausgesprochen Motor-

radfreundlich ist. Auch wenn die Weltmeisterschaftsläufe "Rund um Schotten" 1955 eingestellt wurden, so findet doch seit 1988 wieder jährlich am dritten Augustwochenende der "Schottenring Classic Grand Prix" statt. Und dann pilgern Zehntausende in die kleine Rennstadt auf dem Vulkan. Ein bisschen Rennfieber hat uns auch gepackt - und wenn schon der Vulkan nicht mehr feuert, so feuern doch wenigstens wir ein Stück über den legendären Schottenring. Vorbei an Götzen geht es in wunderschönen langgezogenen Kurven hinauf zum Ludwigsbrunnen und weiter zum Berggasthof Hoherodskopf. Hier machen wir Pause und genießen ausgiebig, aber etwas wehmütig die Aussicht über das weite Land. Hier oben, "on top of the hill", endet unsere unvergessliche Reise durch einen Teil des wunderschönen Deutschlands. Meine Frau Elke und ich besprechen noch die Strecke zurück in unsere Heimatstadt Bad Kissingen zu unseren Freunden und Kollegen des "McHäger Südelbien".

Kein Abschluss ohne Anschluss

Bevor wir uns aber von unseren Lesern oder Mitreisenden verabschieden, haben wir für die ganz gnadenlosen Bikerinnen und Biker noch ein kleines Trostpflaster. Mit dem Band "Odenwald und Spessart" aus der FunTours-Reihe können Sie mit unseren Freunden Jürgen Thurner und Christian Leber nahtlos an die Reise dieses Buches anknüpfen und mit den beiden ein weiteres Kapitel unseres fantastischen Motorradlandes aufschlagen.
Wir hingegen brechen auf in Richtung Heimat und schließen mit einem Spruch aus der schönen Rhön: "Hemwarts laffe die Küh schneller", zu deutsch: heimwärts laufen die Kühe schneller. Im wahrsten Sinne des Wortes brauchen wir nur Gas zu geben.

Der Schottenring

Bereits 1947 zog es 90.000 Zuschauer zum ersten Motorradrennen nach dem Krieg an den Vogelsberg. Von 1948 bis 1950 starteten auch wieder Renn- und Sportwagen. Karl Kling, Huschke von Hanstein und viele andere fanden sich unter den Fahrern. Bei den Motorradfahrern trugen sich unter anderem Fahrer wie Schorsch Meier, Walter Zeller, Heiner Fleischmann, Wilhelm Noll / Fritz Cron, Werner Haas oder H.P. Müller in die Siegerlisten ein. Dem Tagesschnellsten wurde der Goldene Ring überreicht. 1953 erlebte der Club das größte Ereignis seiner Geschichte. Er durfte den Großen Preis von Deutschland für Motorräder austragen, der zur Motorrad-Weltmeisterschaft zählte. Trotz eines Fahrerstreikes, der sich gegen den gefährlichen Straßenkurs richtete, wurden die kleinen Klassen als Weltmeisterschaftsläufe ausgetragen.

1955, nach dem schweren Unglück in Le Mans, bei dem 83 Zuschauer den Tod fanden, kam es zur Krise im Motorsport so dass in diesem Jahr das letzte Rennen "Rund um Schotten" durchgeführt wurde.

Erst 1968 wurde der Verein mit einem neuen Vorstand wieder sportlich aktiv. Bis 1983 fanden dann auf dem Schottenring Motorrad- Zuverlässigkeitsfahrten und Rallyes statt. Auf einer Teilstrecke wurden Bergrennen veranstaltet, die wieder viele tausend Zuschauer an den Vogelsberg lockten. 1983 kam das Aus für diese Veranstaltung. Danach versuchte man einen Grand Prix Kurs zu errichten. Es kam auch zu einem positiven Kabinettsbeschluss, der später wieder zurückgezogen wurde. Heute ist der alte Schottenring eine touristisch interessante Straße im Vogelsberg und nur noch wenige markante Punkte erinnern an die ruhmreiche Vergangenheit.

Um den Club am Leben zu halten, wurden auf dem Schottenring in Verbindung mit dem ADAC Hessen Motorrad- Zuverlässigkeitsfahrten durchgeführt. Ein weiterer Höhepunkt war ein Langstrecken-Weltmeisterschaftslauf 1986 auf dem Schottenring. Mit dabei waren Toni Mang, Reinhold Roth und Harald Eckl. Leider wurde aus dieser Veranstaltung nur ein einmaliges Gastspiel.
Es gab kaum noch die Hoffnung, dass es in oder um Schotten herum eine neue Rennstrecke geben würde, bis die Idee aufkam, einen Gleichmäßigkeitslauf für Motorräder nach Schotten zu holen. Nach vielen Gesprächen kam es dann zu dem heutigen 1,4 km langen Stadtkurs. Am 19. August 1989 brummten nach vielen Jahren der Stille erstmals wieder Rennmotoren auf dem (neuen) Schottenring. Bei den Besuchern und den Organisatoren gingen die Herzen auf. Erinnerungen an vergangene Zeiten wurden wach. Seit dem findet an jedem dritten Augustwochenende der Schottenring Classic Grand-Prix statt.

Übernachten

HOTEL UND RESTAURANT "ALTE SCHULE"
Goetheplatz 1
57 319 Bad Berleburg
☎ 0 27 51 9 20 47 80 — Fax 0 27 51 9 20 47 81
✉ info@hotel-alteschule.de
www.hotel-alteschule.de
In dem am Schloss im historischen Stadtkern Bad Berleburgs gelegenen Haus werden Sie in stilvoller Atmosphäre empfangen. Die eleganten und großzügigen Zimmer, die Bibliothek mit offenem Kamin, sowie das Restaurant mit Außenterrasse sind eine gemütliche Urlaubsbleibe, in der nach einer erholsamen Nacht ein reichhaltiges Frühstück serviert wird.

HOTEL JAGDHOF GLASHÜTTE
Glashütter Straße 20
57 334 Bad Laasphe
☎ 0 27 54 3 990
Fax 0 27 54 39 92 22
✉ jagdhof@relaischateaux.com
www.jagdhof-glashuette.de
Der Jagdhof Glashütte ist ein Hotel, in dem Sie nicht nur übernachten, sondern sich auch zu Hause fühlen können. Überall, nicht nur auf Ihrem Zimmer. Jeder Raum ist individuell und behaglich eingerichtet und der historische Hintergrund des Hauses spiegelt sich in den Zimmern und Suiten wieder.

HOTEL WITTGENSTEINER HOF
Wilhelmsplatz 1
57 334 Bad Laasphe
☎ 0 27 52) 50 86 800
Fax 0 27 52 50 76 07
✉ info@hotelwittgensteinerhof.de
www.hotelwittgensteinerhof.de
Ein gemütliches und vor allem bikerfreundliches Hotel direkt am Kurpark im Herzen der Stadt. Die großzügig renovierten Zimmer bieten jeglichen Komfort zu moderaten Preisen und gegen eine geringe Gebühr kann sich der Biker in Whirlpool, Dampfbad oder Sauna vergnügen. Das Restaurant bietet gehobene Deutsche Küche.

Übernachten

HOTEL RESTAURANT VILLAGE
Hauptstraße 38a — 35 094 Lahntal-Sarnau
☎ 0 64 23 54 120 — Fax 0 64 23 54 12 24
✉ sarnau@village-hotels.de
www.village-hotels.de
Das Hotel liegt etwas außerhalb Marburgs und bietet stilvollen Wohnkomfort in liebevoll eingerichteten Zimmern mit Pinie-Massiv-Möbeln zum Wohlfühlen. Die Zimmer weisen durchgängig Dusche oder Bad/WC, Telefon, Radio und Satellitenfernsehen auf. Das Frühstücksbuffet ist reichhaltig und gesund.

GASTHAUS "ZUR ALTEN MÜCKE"
Giessener Straße 1 — 35 325 Mücke
☎ 0 64 00 95 09 72 — Fax 0 64 00 95 09 73
✉ info@alte-muecke.de
www.alte-muecke.de
Das Hotel liegt direkt an der B49. Die Fremdenzimmer sind mit allem nötigen Komfort ausgestattet und für die Bikes räumt der Hausherr die Garage. In der Küche wird von der Chefin persönlich ein ausgezeichnetes, gutbürgerliches Essen zubereitet und auch das Frühstück serviert der Inhaber noch selbst.

LANDGASTHOF SOLMSER HOF
Kaiserstraße 19 — 35 321 Laubach
☎ 0 64 05 13 71 — Fax 0 64 05 50 09 50
✉ solmserhof@t-online.de
www.solmserhof.de
Als traditionsreiches, familiär geführtes Haus bietet der Landgasthof Solmser Hof seit über 100 Jahren seinen Gästen alles was sie brauchen, um sich rundum wohl zu fühlen. Die liebevolle Ausstattung der Zimmer, aber auch das Angebot an kulinarischen Köstlichkeiten in Restaurant und Biergarten lassen den Aufenthalt zum Urlaub werden. Im Solmser Hof sind Biker besonders willkommen; sogar die Unterbringung in Mehrbettzimmern ist möglich. Zudem kann man im Garten zelten. Für das Bike gibt es Garagen und eine Schrauberecke. Interessant und lustig ist der freitägliche Bikerstammtisch.

Anschauen

SCHLOSS BERLEBURG
Schloss der Fürsten zu Sayn-Wittgenstein-Berleburg
Goetheplatz
57 319 Bad Berleburg
☎ 0 27 51 93 60 10
www.castlewelt.com/schloss-berleburg
1. Mai bis 30. September:
ⓘ Täglich um 10:30 und 14:30 Uhr
Machen Sie eine Reise durch die Geschichte der Residenzstadt Berleburg und nutzen Sie die Gelegenheit, eines der wenigen noch von der Eigentümerfamilie bewohnten Schlösser in Westfalen zu besuchen. Neben dem öffentlichen Teil des Schlosses werden einige der privaten Gemächer der Familie zu Sayn-Wittgenstein-Berleburg gezeigt. Die Führung beginnt im 1733 vollendeten Corps de Logis und führt über die heute immer noch regelmäßig von der Familie genutzten Räume hin zum ältesten und immer noch von der Atmosphäre des 17. Jahrhunderts beseelten Teil des Schlosses Berleburg.

RADIOMUSEUM HANS NECKER
Bahnhofstraße 33
57 334 Bad Laasphe
☎ 0 27 52 97 98
Di., Do., Sa. u. So. 14.30-17.00 Uhr
Für entsprechend interessierte Menschen ist das Radiomuseum Hans Necker durch seine weltweit einzigartige Sammlung historischer Radiogeräte sehenswert. Anhand zahlreicher Originalapparate lässt sich die Geschichte des Radios in den Wohnstuben der Welt seit Beginn des 20. Jahrhunderts sehr gut nachvollziehen. Dabei wird der technische Fundus durch eine umfangreiche Sammlung von Literatur und Serviceunterlagen ergänzt.

MARBURG
Die Universitätsstadt Marburg glänzt mit ihrer Historie, ihrer zwischen Lahn und Schloss gelegenen Altstadt, dem universitärem Flair und durch das landschaftlich reizvolle Umland. Tourismus,

Anschauen

Kultur und Geschichte haben sich in Marburg immer wechselseitig beflügelt. Das war schon so im 13. Jahrhundert so: Da erbaute der Deutsche Orden zu Ehren der 1231 hier verstorbenen Heiligen Elisabeth die erste gotische Hallenkirche auf deutschem Boden. Die Elisabethkirche wurde zum Ziel von Pilgern aus dem ganzen Land - auch eine Form von Tourismus. Später legte dann Landgraf Philipp der Großmütige mit der Universitätsgründung von 1527 den Grundstein für die heute internationale Universitätsstadt mit Studierenden und Besuchern aus aller Welt.

AMÖNEBURG
Schon von weitem sieht man die "Stadt auf dem Berge" in dem nach ihr benannten Amöneburger Becken. Die Geschichte des Ortes reicht weit zurück. Die erste urkundliche Erwähnung ist auf das Jahr 721 datiert - damals gründete Bonifatius selbst hier ein Kloster. Enge Fachwerkgassen unterstreichen den Charme des historischen Städtchens und noch immer thronen Reste der Befestigungsanlagen neben der 50 Meter hohen Stiftskirche, die das Landschaftsbild bestimmt.

MUSEUM SCHLOSS LAUBACH
Schloss Laubach
35 321 Laubach
☎ 0 64 05 91 040
✉ rentkammer@schloss-laubach.de
www.schloss-laubach.de
Das Museum des Schlosses Laubach beantwortet in seiner Ausstellung "Die Grafen zu Solms-Laubach" viele Fragen über die Vergangenheit anhand der eigenen Geschichte: Wie tafelten die Grafen im Spätmittelalter? Was bekam man für einen Schnepfentaler? Mit welch prachtvollen Waffen wurde vor 200 Jahren gejagt? Die wundervoll bemalten gotischen Räume aus dem 15. Jahrhundert lassen Lebensgefühl und Tradition der gräflichen Familie erahnen. Schätze und Geschichten aus fünf Jahrhunderten warten in großen Sälen und in engen Türmen auf ihre Besucher.

Kulinarisches

HOTEL WESTFÄLISCHER HOF

Astenbergstrasse 6
57 319 Bad Berleburg
☎ 0 27 51 92 490
📠 0 27 51 92 49 69
💻 www.westfaelischer-hof-berleburg.de

Im Restaurant verwöhnt Sie der Küchenchef mit seinem Team und bietet Ihnen die moderne leichte Küche verbunden mit den herzhaften Gerichten der Region. Die Fürstlich-Königlichen Jagden derer zu Sayn-Wittgenstein versorgen die Küche stets mit erstklassigen Spezialitäten. Verwendet werden hauptsächlich regionale, frische und der Jahreszeit entsprechende Produkte. Auch Weinkenner finden außergewöhnliche Tropfen aus den besten Anbaugebieten der ganzen Welt.

HOTEL JAGDHOF GLASHÜTTE

Glashütter Straße 20
57 334 Bad Laasphe
☎ 0 27 54 3 990
📠 0 27 54 39 92 22
💻 www.jagdhof-glashuette.de

Der Jagdhof zählt laut Varta-Führer zu den 5 besten Country-Style-Hotels in Deutschland - und das nicht ohne Grund: ob rustikal und deftig in der Fuhrmannskneipe oder raffiniert und leicht im "Ars Vivendi", dem einzigen Sternerestaurant Südwestfalens; Was im Jagdhof serviert wird, ist immer hervorragend. So mancher hatte sein kulinarisches Schlüsselerlebnis an einem der vielen Tische im Hotel. Die Liebe für das Essen beginnt hier mit der Auswahl der Zutaten - frisch und möglichst aus der Region - und geht über die leidenschaftliche und perfektionistische Zubereitung bis hin zur herzlichen Art des Services.

Kulinarisches

RESTAURANT "ZUR HIRSCHFRIKADELLE"

Schloss Laubach
35 321 Laubach
☎ 0 64 05 91 040
💻 www.schloss-laubach.de

Für die Freunde besonderer Gaumenfreuden gibt es direkt im Schloss Laubach die "Hirschfrikadelle". In dem kleinen Restaurant können Sie nicht nur hervorragenden Wein und "Laubacher Schlossbräu", sondern auch eine attraktive Auswahl kleiner Gerichte genießen. Außerdem sind Wildspezialitäten aus den gräflichen Wäldern wie Hirschschinken, Hirschsalami, oder Hirschkaminwurzen beim Außerhausverkauf erhältlich. Bei schönem Wetter lädt zudem der angrenzende Biergarten im kleinen Schlosshof zum Verweilen ein.

WIRTSHAUS "ZUR EULE"

Untere Langgasse 8
35 321 Laubach
☎ 0 64 05 50 09 44
🕘 Mo. 12:00-14:00 und 18:00-23:00 Uhr
🕘 Mi.-So. 12:00-14:00rund 18:00-23:00 Uhr

Als ältestes Wirtshaus Laubachs ist die "Eule" seit Jahrzehnten der Inbegriff für Gemütlichkeit und Geselligkeit. Das nur zwei Gehminuten vom Schloss entfernt gelegene Fachwerkhaus wurde 1998 liebevoll restauriert. Bei der Gestaltung der Gasträume wurde größter Wert darauf gelegt, den sympathisch-rustikalen Charme des traditionsreichen Wirtshauses zu bewahren und so können die Gäste diesen Charme nun allabendlich bei einem kühlen Bier genießen. Auch als Raucher muss man nicht vor der Tür bleiben, da es einen separaten, sehr gemütlichen Raucherraum gibt.

Fun

KANUFAHRTEN AUF DER LAHN
LT-Aktivreisen GmbH Lahntalstrasse 45
35 096 Roth
☎ 0 64 26 92 80 0 📠 0 64 26 92 80 10
✉ info@lahntours.de
💻 www.lahntours.de
Im gemieteten Kanu ist man zwar nicht "King of the Road", kann dafür aber als "Kapitän" die Gegend aus einer völlig anderen Perspektive betrachten und dabei auch gleich herrlich entspannen.

BIKERTREFF HOHERODSKOPF
Wer im Bikertraumland Vogelsberg unterwegs ist, darf natürlich nicht versäumen, den mit seinen 764 Metern zweithöchsten Berg in diesem Mittelgebirge vulkanischen Ursprungs, den Hoherodskopf, zu besuchen.

"HÖRT IHR LEUT' UND LAßT EUCH SAGEN"
Laubacher Tourismus- und Service-GmbH
Friedrichstraße 11 35 321 Laubach
☎ 0 64 05 92 13 21
✉ tourist-info@laubach-online.de
💻 www.laubach-online.de
Wer sich entschließt in Laubach zu übernachten, kann das Städtchen auf eine besondere Art kennenlernen; Dabei folgt man dem Laubacher Nachtwächter Henrich auf seinem abendlichen Rundgang durch die Fachwerkgassen der Altstadt und taucht immer wieder in verschiedene Epochen der Stadtgeschichte ein.

MOTORSPORT RUND UM SCHOTTEN
An dieser Stelle möchten wir unseren Leserinnen und Lesern noch einige Termine für das Bikerjahr 2009 mit auf den Weg geben. Am 24. und 25. April findet die ADAC-Hessen-Rallye "Vogelsberg" statt, gefolgt von der 3. Classic-Rallye Schotten vom 21.-24. Mai. Der 13. und 14. Juni ist dann der Termin für den 7. Internationalen ADAC-Bergpreis Schottenring. Abschließend, am 15. und 16. August kommt es zum Saisonhöhepunkt: dem 21. ADAC/VFV Schottenring Classic Grand Prix.

Gut zu wissen

BAD BERLEBURG MARKT UND TOURISMUS E.V.
Poststraße 44 57 319 Bad Berleburg
☎ 0 27 51 93 633 📠 0 27 51 93 63 43
✉ info@wunderwelt-am-rothaarsteig.de
💻 www.wunderwelt-am-rothaarsteig.de

MARBURG TOURISMUS UND MARKETING GMBH
Pilgrimstein 26 35 037 Marburg
☎ 0 64 21 99 120 📠 0 64 21 99 1212
✉ mtm@marburg.de
💻 www.marburg.de

GEMEINNÜTZIGE KULTUR UND BÄDER GMBH
Friedrichstraße 11 35 321 Laubach
☎ 0 64 05 92 13 21 📠 0 64 05 92 13 13
✉ Tourist-Info@laubach-online.de
💻 www.laubach-online.de

REGION VOGELSBERG TOURISTIK GMBH
Vogelsbergstraße 137a 63 679 Schotten
☎ 0 60 44 96 48 48 📠 0 60 44 96 48 49
✉ info@vogelsberg-touristik.de
💻 www.vogelsberg-touristik.de

Werkstatt

SCHNEIDERCYCLES & EQUIPMENT **KTM**
Vor der Aue 11a / Gewerbegebiet
35 094 Lahntal
☎ 0 64 23 96 44 99 📠 0 64 23 96 44 98
✉ info@schneidercycles.de
💻 www.schneidercycles.de

AUTOHAUS ENDERS CO. KG **BMW**
Nieder-Ohmener-Straße 20
35 325 Mücke-Atzenhain
☎ 0 64 01 60 06
📠 0 64 01 31 03
✉ g.enders@enders-autohaus.de
💻 www.enders-motorad.de

Register

Jede Menge *Fun*

»Fun-Tours«, die Edition unterwegs regional: 96 prall gefüllte Seiten mit den schönsten Strecken, den heißesten Tipps, den besten Adressen – und, vor allem, mit Straßenkarten im Motorradfahrer-Maßstab 1:200 000 in Tankrucksackgröße, die problemlos mitgenommen werden können. »Fun-Tours« ist der erste Motorradreiseführer, der die Anschaffung zusätzlicher Karten überflüssig macht. »Fun-Tours – macht Spaß!«.

Die erfolgreiche Serie kostet pro Band nur **€ 19,95**

Jürgen Thurner / Christian Leber
Schwarzwald
Motorrad-Touren regional
96 Seiten, ca. 60 Farbbilder, 7 Karten Bestell-Nr. 02508

Thiess Meinken / Thomas Köhler
Friaul
Motorrad-Touren regional
96 Seiten, ca. 60 Farbbilder, 7 Karten Bestell-Nr. 02878

Jürgen Thurner / Christian Leber
Elsass
Motorrad-Touren regional
96 Seiten, ca. 60 Farbbilder, 7 Karten Bestell-Nr. 02468

Thiess Meinken / Thomas Köhler
Zwischen Eifel und Pfälzer Wald
Motorrad-Touren regional
96 Seiten, 46 Farbbilder, 7 Karten Bestell-Nr. 02879

Jürgen Thurner/ Christian Leber
Odenwald und Spessart
Motorrad-Touren regional
96 Seiten, 70 Farbbilder, 7 Karten Bestell-Nr. 02723

Steffen Rothmann / Michael Rott
Nordrhein-Westfalen
Motorrad-Touren regional
96 Seiten, ca. 60 Farbbilder, 7 Karten Bestell-Nr. 02483

Stand März 2009
Änderungen in Preis und Lieferfähigkeit vorbehalten

IHR VERLAG FÜR MOTORRAD-BÜCHER
Postfach 10 37 43 · 70032 Stuttgart
Telefon (07 11) 2 10 80 65 · Telefax (07 11) 2 10 80 70

Motor buch Verlag

Pic by www.schoeffel-design.de

Hier ist das
Abenteuer
Easy rider...
oder doch lieber "Long way round"?
Beide Filme beschreiben einen kleinen Teil der abenteuerlichen Motorradreisen, die wir für unsere Teilnehmer organisieren und durchführen. Vom Highway No.1 bis zur Seidenstraße. Aus dem dichten Dschungel Kambodschas bis an den Rand der Taklamakan Wüste. Über den höchsten befahrbaren Pass, bis an den tiefsten Punkt der Erde.
On -, wie off road...
Das ist Leben!
Das ist Motorradfahren in seiner schönsten Disziplin.
Unter www.overcross.de findest Du Deine nächste Tour!
Schick uns eine Kopie dieser Seite zusammen mit Deiner Buchung per Post und Du erhälst von uns einen
Reisegutschein im Wert von 50 €
(nicht kombinierbar mit anderen Preisaktionen von Overcross Abenteuer & Reisen)
Motorradreisen weltweit für On- und Offroadfans!
OVERCROSS Abenteuer & Reisen
Ammergasse 9a 72070 Tübingen
Tel.: 07071-770060 Fax: 07071-760436
www.overcross.de mail@overcross.de